Gugma:
Katumanan sa Kasugoan

Gugma:
Katumanan sa Kasugoan

Dr. Jaerock Lee

Gugma: Katumanan sa Kasugoan ni Dr. Jaerock Lee
Gimantala sa Urim Books (Tinugyanan: Sungnam Vin)
73, Yeouidaebang-ro 22-gil, Dongjak-gu, Seoul, Korea
www.urimbooks.com

Ang tanang kinamatarung gireserba. Ang kining libro o mga bahin ngari dili mahimong ipahuwad sa bisan unsang porma, taguan sa sistema nga retrieval, o ipadala sa bisan unsang porma o sa bisan unsang paagi, sa-kuryente, sa-makina, pagpaseroks, pagtala o kon dili, kung wala'y naunang pagtugot nga gisulat gikan sa nagmantala.

Katungod Pagpanag-iyag Sinulat © 2020 ni Dr. Jaerock Lee
ISBN: 979-11-263-0572-8 03230
Ang Paghubad Katungod Pagpanag-iyag Sinulat © 2015 ni Dr. Esther K. Chung. Gigamit nga may pagtugot.

Gimantala og una sa Korean pinaagi sa Urim Books kaniadtong 2009

Naunang Gimantala Pebrero 2020

Gihikay pagpatik ni Geumsun Vin
Gidibuho sa Editoryal nga Buhatan sa Urim Books
Giimprinta pinaagi sa Prione Printing
Para sa dugang nga kasayuran pagduol sa: urimbook@hotmail.com

*"Ang gugma dili mohimog dautan ngadto sa silingan;
busa ang gugma mao ang katumanan sa kasugoan."*

Mga Taga-Roma 13:10

Paunang Pamulong

Naglaum para sa mga mambabasa nga makaangkon sa Bag-ong Herusalem pinaagi sa espirituhanon nga gugma.

Usa ka kompanya sa propaganda sa UK mihatag og usa ka pasulit para sa publiko nga nangutana sa pinakamadali nga paagi sa pagbiyahe gikan sa Edinburgh, Scotland ngadto sa London, England. Sila magpresentar sa usa ka daku nga balos sa tubag sa tawo nga ilang mapilian. Ang tubig nga aktuwal nga napilian mao ang 'magbiyahe kauban ang usa ka hinigugma'. Atong masabtan nga kung kita magbiyahe kauban ang atong mga hinigugma, ang bisan layo nga distansya mabati nga mubo. Sa samang paagi, kung atong gihigugma ang Dios, dili kini lisod para kanato nga ibutang sa buhat ang Iyang Pulong (1 Juan 5:3). Wala gihatag sa Dios ang Kasugoan ug wala misulti kanato nga tumanon ang Iyang mga sugo aron nga hatagan kita og kalisdanan.

Ang pulong nga 'Kasugoan' gikan sa Hebreohanon nga pulong 'Torah', kung hain adunay kahulogan nga 'kamandoan', ug 'leksiyon'. Ang Torah sa kasagaran nagpasabot sa Pentateuch kung hain molakip sa Napulo ka mga Sugo. Apan, ang "Kasugoan" usab nagpasabot sa 66 ka mga kasulatan sa Biblia isip nga kinatibuk-an, o sa mga kamadoan lang sa Dios nga nagsulti kanato nga buhaton, dili buhaton, tumanon, o isalikway ang piho nga mga butang. Ang mga katawohan mahimong maghunahuna lang nga ang Kasugoan ug gugma walay relasyon sa usa og usa, apan sila dili mahimong mahimulag. Ang gugma paghisakop sa Dios, ug dili kanato higugmaon ang Dios dili kanato hingpit nga matuman ang Kasugoan. Ang Kasugoan mahimong matuman lang kung kini atong buhaton kauban ang gugma.

Adunay usa ka istorya nga nagpakita kanato sa kagahum sa gugma. Usa ka batan-on nga lalaki ang nabangga sa kaniadtong siya nagpalupad sa usa ka gamay nga eroplano sa disyerto. Ang iyang amahan dato kaayo nga tawo, ug siya miabang og usa ka tigpangita ug tigluwas nga pondok aron nga pangitaon ang iyang anak nga lalaki, apan kini napakyas. Busa siya mikatag sa milyon-milyon nga mga basahon sa disyerto. Ang iyang gisulat sa basahon mao ang "Anak, gihigugma ta ka." Ang anak, nga naglayaw sa disyerto, nakakita og usa niini ug nakadawat og kaisog nga nagpatinguha kaniya nga maluwas sa ulahi. Ang tinuod nga gugma sa amahan ang miluwas sa iyang anak nga lalaki. Sama nga ang amahan mikatag sa mga basahon sa tibuok nga disyerto, kita aduna sab og katungdanan nga ikatag ang gugma sa Dios sa dili-maihap nga mga kalag.

Gipamatud-an sa Dios ang Iyang gugma pinaagi sa pagpadala sa Iyang bugtong nga Anak nga si Hesus niining yuta aron nga luwason ang mga katawohan nga mga makakasala. Apan ang katong mga legalista sa panahon ni Hesus mitutok lang sa mga pormalidad sa Kasugoan ug wala kanila masayran ang tinuod nga gugma sa Dios. Sa ulahi, ilang gikondena ang bugtong nga Anak sa Dios, si Hesus, isip nga nagpasipala nga kung kinsa nagpanas sa Kasugoan ug Siya ilang gilansang sa krus. Wala kanila masabti ang gugma sa Dios nga nasukip diha sa Kasugoan.

Ang 1 Mga Taga-Corinto kapitulo 13 maayo nga naghulagway sa pananglit sa "espirituhanon nga gugma". Kini nagsulti kanato mahitungod sa gugma sa Dios nga nagpadala sa Iyang bugtong nga Anak aron nga luwason kita kung kinsa nadestino nga mamatay tungod sa mga sala, ug ang gugma sa Ginoo nga naghigugma kanato hangtud sa punto nga gikalimtan ang tanan Kaniyang langitnon nga himaya ug nagpakamatay sa krus. Kung gusto sab kanatong ihatod ang gugma sa Dios ngadto sa daghang himalatyon nga mga kalag sa kalibutan, kinahanglan kanatong mahimatngonan ang espirituhanon nga gugma ug buhaton kini.

"Ako magahatag kaninyog bag-ong sugo, nga kinahanglan maghigugmaay kamo ang usa sa usa maingon nga ako nahigugma kaninyo, kinahanglan maghigugmaay usab kamo ang usa sa usa. Ang tanang tawo makaila nga kamo nga tinun-an ko pinaagi niini, kon kamo maghigugmaay ang usa sa usa" (Juan 13:34-35).

Karon kining basahon gimantala aron nga ang mga mambabasa mahimong matuki kung unsa kadaku kanilang napaugmad ang espirituhanon nga gugma ug kung unsa kadaku kanilang nabag-o ang ilang kaugalingon kauban sa kamatuoran. Naghatag ako og pasalamat kang Geumsun Vin, ang direktor sa editoryal nga buhatan ug ang kawanihan, ug akong gilaum nga ang tanang mga mambabasa mahimong matuman ang Kasugoan kauban ang gugma ug sa ulahi maangkon ang Bag-ong Herusalem, ang pinakamaanyag sa tanang langitnon nga mga puyanan.

Jaerock Lee

Introduksiyon

Naglaum nga pinaagi sa kamatuoran sa Dios ang mga mambabasa mabag-o pinaagi sa pagpaugmad sa hingpit nga gugma.

Usa ka estasyon sa TV mibuhat og usa ka kwustiyonaryo sa panukiduki sa mga minyo nga babaye. Ang pangutana mao nga kung gusto ba kanilang maminyo sa parehong bana kung sila makapili og usab sa ilang pamanhonon. Ang resulta makakugang. 4% lang sa mga babaye ang gustong mopili og usab sa parehong bana. Tingali nagminyo sila sa ilang mga bana tungod ila silang gihigugma, ug nganong ila mang bag-ohon ang ilang mga hunahuna sumala sa ilang gibuhat? Kini tungod kay sila wala naghigugma kauban ang espirituhanon nga gugma. Kining binuhat nga *Gugma: Katumanan sa Kasugoan* magatudlo kanato mahitungod niiining espirituhanon nga gugma.

Sa Bahin 1 "Kamahinungdanon sa Gugma", kini nagtan-aw ngadto sa nagkadaiya nga mga porma sa gugma nga makita taliwala sa bana ug asawa, mga ginikanan ug mga anak, ug sa mga abyan ug mga silingan, kung asa magahatag kanato og ideya sa kalahian taliwala sa unodnon nga gugma ug sa espirituhanon nga gugma. Ang espirituhanon nga gugma mao ang paghigugma sa usa ka tawo kauban ang walay pagbag-o nga kasingkasing nga wala magpangandoy og bisan unsang butanga nga baylo. Sa sukwahi, ang unodnon nga gugma mausab sa nagkalain-lain nga mga sitwasyon ug mga sirkumstansiya, ug tungod niining rasona ang espirituhanon nga gugma bilihon ug maanyag.

Bahin 2 "Gugma sumala sa anaa sa Gugma nga Kapitulo", nagkategorya sa 1 Mga Taga-Corinto 13 ngadto sa tulo ka mga bahin. Ang nahaunang bahin, 'Ang Klase sa Gugma nga Gipangandoy sa Dios' (1 Mga Taga-Corinto 13:1-3), mao ang introduksiyon sa kapitulo nga nagbutang og pahinungdanon sa importansiya sa espirituhanon nga gugma. Ang ikaduhang bahin, 'Ang Mga Kinaiya sa Gugma' (1 Mga Taga-Corinto 13:4-7), mao ang punoan nga bahin sa Gugma nga Kapitulo, ug kini nagsulti kanato sa 15 ka mga kinaiya sa espirituhanon nga gugma. Ang ikatulo ng bahin, 'Hingpit nga Gugma', mao ang katapusan sa Gugma nga Kapitulo, kung hain nagpahibalo kanato nga ang pagtoo ug paglaum temporaryo nga gikinahanglan samtang kita nagmartsa padulong sa gingharian sa langit sa panahon sa atong mga kinabuhi sa ibabaw niining yuta, samtang ang gugma magalungtad sa kahangtoran sulod sa gingharian sa langit.

Bahin 3, "Ang Gugma Mao ang Katumanan sa Kasugoan", nagpatin-aw kung unsaon kini pagtuman sa Kasugoan kauban ang gugma. Kini naghatud sab sa gugma sa Dios kung kinsa mao ang nagpaugmad kanatong mga tawo sa ibabaw niining yuta ug ang gugma ni Kristo kung kinsa mao ang miabli sa dalan sa kaluwasan para kanato.

Ang 'Gugma nga Kapitulo' usa lang ka kapitulo sa 1,189 ka mga kapitulo sa Biblia. Apan kini morag usa ka mapa sa manggad nga nagpakita kanato kung asa kita makakita og daku nga mga kantidad sa manggad, kay kini nagtudlo kanato sa dalan ngadto sa Bag-ong Herusalem sa detalye. Bisan pa nga anaa kanato ang mapa ug nakahibalo kita sa dalan, kini walay pulos kung kita dili moadto sa dalan nga gihatag. Kana mao nga, kini walay pulos kung kita dili magbuhat sa espirituhanon nga gugma.

Ang Dios nahimuot sa espirituhanon nga gugma, ug mahimo kanatong maangkon kining espirituhanon nga gugma sa kadakuon nga atong madungog ug mabuhat ang Pulong sa Dios kung hain mao ang Kamatuoran. Sa dihang atong maangkon na ang espirituhanon nga gugma, mahimo na kanatong madawat ang gugma sa Dios ug mga panalangin, ug magasulod ngadto sa Bag-ong Herusalem, ang pinakamaanyag nga puy-anan sa Langit sa ulahi. Ang gugma mao ang pinakadaku nga katuyoan sa pagbuhat sa Dios sa mga tawo ug pagpaugmad kanila. Nag-ampo ako nga ang tanang mga mambabasa magahigugma og una sa Dios ug higugmaon ang ilang mga silingan sumala sa paghigugma kanila sa ilang mga kaugalingon aron nga ilang makuha ang mga yabi aron maabli ang perlas nga mga pultahan sa Bag-ong Herusalem.

Geumsun Vin
Direktor sa Editoryal nga Buhatan

Mga Unod ~ *Gugma: Katumanan sa Kasugoan*

Paunang Pamulong · VII

Introduksiyon · XI

Bahin 1 Kamahinungdanon sa Gugma

Kapitulo 1: Espirituhanon nga Gugma · 2

Kapitulo 2: Unodnon nga Gugma · 12

Bahin 2 Gugma sumala sa anaa sa Gugma nga Kapitulo

Kapitulo 1: Ang Klase sa Gugma nga Gipangandoy sa Dios · 28

Kapitulo 2: Ang Mga Kinaiya sa Gugma · 50

Kapitulo 3: Hingpit nga Gugma · 192

Bahin 3 Ang Gugma Mao ang Katumanan sa Kasugoan

Kapitulo 1: Ang Gugma sa Dios · 206

Kapitulo 2: Ang Gugma ni Kristo · 222

"Ug kon mao ray inyong higugmaon

ang mga nahigugma kaninyo, unsa may dungog ninyo?

Kay bisan gani ang mga makasasala nagahigugma man

sa mga nagahigugma kanila."

Lucas 6:32

Bahin 1

Kamahinungdanon sa Gugma

Kapitulo 1 : Espirituhanon nga Gugma

Kapitulo 2 : Unodnon nga Gugma

KAPITULO 1
Espirituhanon nga Gugma

"Mga hinigugma, maghigugmaay kita ang usa sa usa;
kay ang gugma iya sa Dios,
ug siya nga nagahigugma gipanganak
sa Dios ug nakaila sa Dios.
Siya nga wala magahigugma wala makaila sa Dios,
kay ang Dios gugma man."
1 Juan 4:7-8

Sa pagkadungog lang sa pulong nga 'gugma' mahimong magpapitik sa atong mga kasingkasing ug sa atong mga hunahuna nga magkapaykapay. Kung mahimo kanatong higugmaon ang usa ka tawo ug makig-ambit sa tinuod nga gugma sa tanan kanatong kinabuhi, kini mahimong mao nga kinabuhi nga gipuno sa pinakataas nga ang-ang sa kalipay. Usahay atong madungog ang mahitungod sa mga katawohan nga nabuntog ang mga sitwasyon sama sa kamatayon mismo ug buhaton ang ilang mga kinabuhi nga maanyag pinaagi sa gahum sa gugma. Ang gugma gikinahanglan para makadala og usa ka malipayon nga kinabuhi; kini adunay daku nga gahum aron nga mabag-o ang atong mga kinabuhi.

Ang Merriam-Webster's Online Dictionary naghulagway sa gugma isip nga 'makusog nga pagkahimuot sa usa ka tawo nga nagpatigbabaw gikan sa kasigdanihan o personal nga relasyon' o 'pagkahimuot nga nabase sa pagdayeg, kamaayo o komun nga mga interes'. Apan ang klase sa gugma nga gisulti sa Dios mao ang gugma nga mas taas nga level, kung hain mao ang espirituhanon nga gugma. Ang espirituhanon nga gugma nagpangita sa benepisyo sa uban; kini nagahatag og kamaya, paglaum, ug kinabuhi kanila, ug kini dili gayud mausab. Dugang pa, kini dili lang magabenepisyo kanato sa panahon niining temporaryo, yutan-on nga kinabuhi, apan kini magadala sa atong mga kalag sa kaluwasan ug magahatag kanato og kinabuhing dayon.

Istorya sa usa ka Babaye Nga Mitultol sa Iyang Bana ngadto sa Iglesia

Adunay usa ka babaye nga nagmatinumanon sa iyang kinabuhi isip nga usa ka Kristohanon. Apan ang iyang bana dili gusto kaniyang moadto sa iglesia ug nihatag kaniya og kalisdanan. Bisan sa ingon nga kalisdanan siya miadto sa kadlawon nga pag-ampo nga panagtagbo kada adlaw ug miampo para sa iyang bana. Usa ka adlaw, siya miadto aron mag-ampo sa kadlawon nga nagdala sa mga sapatos sa iyang bana. Naggunit sa mga sapatos sa iyang dughan, siya miampo nga naghilak, "O Dios, karong adlawa, kini lang mga sapatos ang miari sa iglesia, apan sa sunod, tugoti nga ang tag-iya niining mga sapatos moari sa iglesia, sab."

Pagkahuman sa taas nga panahon usa ka butang nga makahibulong ang nahinabo. Ang bana mianha sa iglesia. Kining bahin sa istorya nagpadayon sa masunod: Gikan sa usa ka piho nga punto sa panahon, sa kada lakaw sa bana balay aron magtrabaho, iyang mabati ang kainit sa iyang mga sapatos. Ug usa ka adlaw, iyang nakita ang iyang asawa nga milakaw nga dala ang iyang mga sapatos ug gisundan siya. Misulod siya sa usa ka iglesia.

Siya nasuko, apan dili kaniya magapi ang pagkakuryoso. Kinahanglan kaniyang mahibaloan kung unsa ang iyang gibuhat sulod sa iglesia nga dala ang iyang sapatos. Sa iyang hilom nga pagsulod ngadto sa iglesia, ang iyang asawa nag-ampo nga naggunit sa iyang sapatos og hugot sa iyang dughan. Iyang nadunggan ang pag-ampo, ug ang matag pulong sa pag-ampo mao ang para sa iyang ikaayo ug mga panalangin. Nairog ang iyang kasingkasing, ug dili kaniya matabangan nga magbasol sa paagi nga pagtratar kaniya sa iyang asawa. Sa ulahi, ang bana nairog sa gugma sa iyang asawa ug nahimong usa ka debuto nga Kristohanon.

Ang kadaghanan sa mga asawa niining klase sa sitwasyon sa kasagaran mohangyo kanako nga mag-ampo para kanila nga nagsulti nga, "Ang akong bana naghatag kanako og kalisdanan tungod lang kay ako nagsimba. Palihog pag-ampo para kanako nga ang akong bana moundang sa paglutos kanako." Apan unya ako motubag nga, "Sa madali mahimong balaan ug moanhi sa espiritu. Mao kana ang paagi aron masulbad ang imong problema." Sila mohatag og mas daghang espirituhanon nga gugma sa ilang mga bana ngadto sa kadakuon nga ilang isalikway ang mga sala ug moanha sa espiritu. Unsang bana ang mohatag og kalisdanan sa iyang asawa nga nagsakripisyo ug nagsilbi kaniya gikan sa kasingkasing?

Sa miaagi, ang asawa magbutang sa tanang kabasolan sa iyang bana, apan karon nga nabag-o na kauban sa kamatuoran, siya magkompisal nga siya ang maong basolon ug magpa-ubos sa iyang kaugalingon. Unya, ang espirituhanon nga kahayag magatabog pahilayo sa kangitngit ug ang bana mahimong mabag-o, sab. Kinsa man ang mag-ampo para sa usa ka tawo nga naghatag kanila og kalisdanan? Kinsa man ang magsakripisyo sa iyang kaugalingon para sa napasibayaan nga mga silingan ug magakatag og tinuod nga gugma para kanila? Ang mga anak sa Dios nga nakatuon sa tinuod nga gugma gikan sa Ginoo ang mahimong makahatod sa ingon nga gugma sa uban.

Walay Pagbag-o nga Gugma ug Panaghigala ni David ug Jonathan

Si Jonathan mao ang anak ni Saul, ang unang hari sa Israel. Sa iyang pagkakita ni David nga mitumba sa kampiyon sa mga Pilistehanon, si Goliath, gamit ang usa ka lambuyog ug usa ka bato, nakahibalo siya nga si David usa ka manggugubat kung hain ang espiritu sa Dios nianha. Kay siya usa ka heneral sa mga army, gidakup ang kasingkasing ni Jonathan sa kaisog ni David. Gikan nianang panahona si Jonathan nahigugma kang David sama sa paghigugma sa iyang kaugalingon ug sila nagsugod og tukod sa usa ka baskug kaayo nga baligtos sa panaghigala. Nahigugma kaayo si Jonathan kang David nga wala kaniya gireserba ang bisan unsang butanga para kang David.

Ug nahitabo, sa diha nga gitapus na niya ang pakigsulti kang Saul, nga ang kalag ni Jonathan nalanggikit sa kalag ni David, ug si Jonathan nahigugma kaniya ingon sa iyang kaugalingong kalag. Ug gikuha siya ni Saul niadtong adlawa, ug wala na mobuot nga papaulion pa siya sa balay sa iyang amahan. Unya si David ug si Jonathan naghimo sa usa ka pakigsaad, tungod kay siya gihigugma niya sama sa iyang kaugalingong kalag. Ug si Jonathan mihukas sa iyang saput nga diha kaniya, ug gihatag kini kang David, ug ang iyang bisti, lakip ang iyang pinuti ug ang iyang pana, ug ang iyang bakus (1 Samuel 18:1-4).

Si Jonathan mao ang manununod sa trono kay siya mao ang

unang anak nga lalaki ni Haring Saul, ug sayon ra unta kaniyang gikadumtan si David kay si David gipalangga sa mga katawohan og pag-ayo. Apan siya walay bisan unsang pangandoy para sa titulo nga hari. Apan hinuon sa kaniadtong si Saul nagsulay nga patyon si David aron nga mapabilin ang iyang trono, gibutang ni Jonathan ang iyang kaugalingong kinabuhi sa peligro aron luwason si David. Ang ingon nga gugma wala gayud mibag-o hangtud sa iyang kamatayon. Sa kaniadtong namatay si Jonathan sa pakiggubat sa Gilboa, si David nangasubo ug mihilak ug mipuasa hangtud sa gabii.

> *Ako nasubo alang kanimo, igsoon ko nga Jonathan; nakapahimuot gayud kaayo ikaw kanako. Ang imong gugma kanako katingalahan, minglabaw sa gugma sa mga babaye* (2 Samuel 1:26).

Pagkahuman nga nahimong hari si David, iyang nakita si Mephi-boseth ang bugtong nga anak ni Jonathan, miuli kaniya sa tanang mga kabtangan ni Saul, ug giatiman siya isip nga iyang kaugalingong anak sa palasyo (2 Samuel 9). Sama niini, ang espirituhanon nga gugma mao ang paghigugma sa usa ka tawo kauban ang walay pagbag-o nga kasingkasing sa tanang kinabuhi sa usa, bisan pa nga kini wala magbenepisyo sa iyang kaugalingon apan hinuon naghinungdan og kagusbatan sa iyang kaugalingon. Ang pagkahimuot lang kauban ang paglaum nga makakuha og usa ka butang nga baylo dili tinuod nga gugma. Ang espirituhanon nga gugma mao ang pagsakripisyo sa kaugalingon ug padayon lang nga maghinatagon sa uban nga walay kondisyon, kauban ang maputli ug tinuod nga motibo.

Walay Pagbag-o nga Gugma sa Dios ug sa Ginoo paduol Kanato

Ang kadaghanan sa mga katawohan makasinati og kagul-anan tungod sa unodnon nga gugma sa ilang mga kinabuhi. Kung kita adunay kasakit ug mabati ang kaguol tungod sa gugma nga dali lang mausab, adunay usa ka tawo nga magpahupay kanato ug mahimong atong higala. Siya mao ang Ginoo. Siya gibiaybiay sa mga katawohan bisan pa nga Siya inosente (Isaias 53:3), busa nasayran Kaniya ang atong mga kasingkasing og pag-ayo. Iyang gipasibayaan ang Iyang langitnong himaya ug nanaog niining yuta aron nga kuhaon ang mga pag-antus. Sa pagbuhat niini Siya nahimong atong tinuod nga tigpahupay ug higala. Siya mihatag kanato og tinuod nga gugma hangtud nga Siya namatay sa krus.

Sa wala pa ako mahimong tumuluo sa Dios, ako nag-antus gikan sa daghang mga sakit ug hingpit nga nasinatian ang kasakit ug kaguol tungod sa kapobre. Pagkahuman og sakit alang sa pito ka taas nga tuig, ang nahabilin diha kanato mao lang ang masakiton nga lawas, nagkadaku nga utang, pagtamay sa mga katawohan, kaguol, ug langiob. Ang katong tanan nga akong gisaligan ug gihigugma mibiya kanako. Apan adunay mianha kanako sa akong pagbati nga ako hingpit nga nag-inusara sa tibuok uniberso. Mao kini ang Dios. Sa akong pagtagbo sa Dios, naayo ko sa akong tanang mga sakit diha dayon ug nahimong mabuhi sa usa ka bag-o nga kinabuhi.

Ang gugma nga Dios mihatag kanato og libre nga gasa. Wala ko mahagugma Kaniya sa una. Una Siyang mianha kanako ug giinat ang Iyang mga kamot kanako. Sa pagsugod kanako og basa sa Biblia, akong madungog ang pagpaaron-aron sa gugma sa Dios kanako.

Malimot ba ang usa ka babaye sa iyang masuso nga bata, nga dili siya magabaton ug kalooy sa anak nga lalake sa iyang tagoangkan? Oo, kini sila mahikalimot tingali, apan ako dili gayud malimot kanimo. Ania karon, Ako na ikaw nga gisilsil sa mga palad sa Akong mga kamot; ang imong kuta ania kanunay sa Akong atubangan (Isaias 49:15-16).

Ang gugma sa Dios gipadayag dinhi kanato pinaagi niini, gipadala sa Dios ang iyang bugtong nga Anak nganhi sa kalibutan, aron kita mabuhi pinaagi Kaniya. Niini ania ang gugma, dili nga kita nahigugma sa Dios kondili nga Siya mao ang nahigugma kanato ug nagpadala sa iyang Anak nga haladpasighiuli alang sa atong mga sala (1 Juan 4:9-10).

Wala mibiya kanako ang Dios sa kaniadtong ako nag-antus pagkahumang mibiya kanako ang tanan. Sa kaniadtong akong nabati ang Iyang gugma, dili kanako mapunggan ang mga luha nga nanggawas gikan sa akong mga mata. Akong mabati nga tinuod ang gugma sa Dios tungod sa mga kasakit nga akong giantus. Karon, akon nahimong usa ka pastor, usa ka alagad sa Dios, aron nga pahupayon ang daghang mga kalag ug aron nga mabayaran og balik ang grasya sa Dios nga gihatag kanako.

Ang Dios mao ang gugma mismo sa iyang kaugalingon. Iyang gipadala ang Iyang bugtong nga Anak nga si Hesus alang kanato nga mga makakasala. Ug Siya naghulat kanato aron moadto sa gingharian sa langit kung asa Siya nagbutang og daghang maanyag ug bilihon nga mga butang. Atong mabati ang mahumok ug dagaya nga gugma sa Dios kung ato lang ablihan ang atong mga kasingkasing bisan gamay lang kaayo.

> *Kay sukad pa sa pagkatukod sa kalibutan ang Iyang dili makita nga kinaiya, nga mao ang Iyang dayong gahum ug pagka-Dios, sa tin-aw naila na pinaagi sa mga butang nga Iyang nabuhat, busa wala silay ikapangulipas* (Mga Taga-Roma 1:20).

Nganong dili lang kanimo hunahunaon ang maanyag nga naturalisa? Ang asul nga kalangitan, ang tin-aw nga dagat, ug ang tanang mga kahoy ug mga tanom mao ang mga butang nga gibuhat sa Dios para kanato aron nga samtang kita nagpuyo niining yuta mahimong mag-angkon og paglaum alang sa gingharian sa langit hangtud nga kita makaabot ngadto.

Gikan sa mga balod nga nagtandog sa baybayon; ang mga bituon nga nagkidlap nga morag nagsayaw; ang lanog nga dalugdog sa dagku nga mga busay; ug gikan sa huyuhoy nga naglabay kanato, atong mabati ang gininhawa sa Dios nga nagsulti kanato "Gihigugma ko ikaw." Kay kita gipili nga mga anak niining mahigugmaon nga Dios, unsang klase sa gugma ang kinahanglan nga anaa diha kanato? Kinahanglan aduna kita'y dayon ug tinuod nga gugma ug dili walay kahulogan nga gugma nga mausab kung ang sitwasyon dili magbenepisyo diha kanato.

KAPITULO 2 — *Unodnon nga Gugma*

Unodnon nga Gugma

*"Ug kon mao ray inyong higugmaon
ang mga nahigugma kaninyo, unsa may dungog ninyo?
Kay bisan gani ang mga makasasala
nagahigugma man sa mga nagahigugma kanila."*
Lucas 6:32

Usa ka tawo ang nagbarog sa atubangan sa usa ka daku nga nagtapok nga katawohan, nga nag-atubang sa Dagat sa Galilea. Ang asul nga mga aliki sa dagat sa likod Kaniya matan-aw nga morag nagsayaw nga mahuyo nga mga huyuhoy sa likod Kaniya. Ang tanang mga katawohan mihilom aron maminaw sa Iyang mga pulong. Sa katong mga nagtapok nga katawohan nga naglingkod nganhi ug ngadto sa usa ka gamay nga bungtod, Iyang gisultian sila nga mahimong kahayag ug asin sa kalibutan ug higugmaon ang ilang mga kaaway, gamit ang usa ka maaghop apan mahugtanon nga tono.

> *Kay kon mao ray inyong higugmaon ang mga nahigugma kaninyo, unsa may balus nga madawat ninyo? Dili ba ang mga maniningil sa buhis nagabuhat man sa ingon? Ug kon mao ray inyong yukboan ang inyong mga kaigsoonan, unsa may inyong nahimo nga labaw pa kay sa uban? Dili ba ang mga Gentil nagabuhat man sa ingon?* (Mateo 5:46-47)

Sumala sa gisulti ni Hesus, ang mga dili tumuluo ug ang bisan katong mga dautan makapakita og gugma ngadto sa katong mga maayo sa kanila ug sa katong makabenepisyo kanila. Aduna sab og sayop nga gugma, kung hain morag maayo tan-awon sa gawas apan dili tinuod sa sulod. Kini unodnon nga gugma nga mausab pagkahuman sa pipila ka panahon ug kini mabali ug matumpawak isip nga resulta sa bisan magagmay nga mga butang.

Ang unodnon nga gugma mahimong mausab sa bisan unsang panahona sa pag-agi sa panahon. Kung ang sitwasyon mausab o ang mga kundisyon mausab, ang unodnon nga gugma mahimong mausab. Ang mga katawohan sa kadaghanan lagmit nga mausab sa ilang mga batasan sumala sa bentaha o mga benepisyo nga gidawat. Ang mga katawohan maghatag lang pagkahuman og dawat sa usa ka butang gikan sa uban og una, o sila maghatag lang kung ang paghatag morag makabenepisyo sa ilang mga kaugalingon. Kung kita maghatag ug gustong madawat ang parehong kantidad sa baylo, o kung mabati kanatong kapakyas kung ang ubang tawo dili maghatag kanato sa bisan unsang butang isip nga baylo, kini tungod kay kita aduna sab og unodnon nga gugma.

Gugma taliwala sa Mga Ginikanan ug Mga Anak

Ang gugma sa mga ginikanan nga padayon nga nagahatag sa ilang mga anak magtandog sa mga kasingkasing sa kadaghanan. Ang mga ginikanan dili magsulti nga lisud kini pagkahuman og atiman sa ilang mga anak sa tanan kanilang kusog tungod kay gihigugma kanila ang ilang mga anak. Kini kasagaran nga gipangandoy sa mga ginikanan nga maghatag og maayo nga mga butang sa ilang mga anak bisan pa kung kini magkahulogan nga sila mismo sa ilang mga kaugalingon dili makakaon og pag-ayo og magsul-ot og maayo nga mga bisti. Apan, anaa sa gihapon og usa ka suok sa mga kasingkasing sa mga ginikanan nga nahigugma sa ilang mga anak kung hain sila sab nagpangita sa ilang kaugalingong mga benepisyo.

Kung tinuod kanilang gihigugma ang ilang mga anak, mahimo unta kanilang ihatag bisan ang ilang mga kinabuhi nga wala magpangayo og bisan unsang butang nga baylo. Apan adunay aktuwal nga daghang mga ginikanan nga gipatubo ang ilang mga anak para sa ilang kaugalingong benepisyo og kadungganan. Sila nagsulti nga, "Gisultian ko ikaw niini para sa imong kaugalingong kaayo," apan sa katinuoran sila nagsulay nga dumalahon ang ilang mga anak sa paagi aron nga mapuno ang ilang mga pangandoy para sa kabantog, o para sa ilang benepisyo sa kuwarta, sab. Inig pili sa mga anak sa ilang karera o magminyo, kung sila mopili og usa ka paagi o usa ka esposo nga dili madawat sa mga ginikanan, sila magbatok niini og pag-ayo ug mapakyas. Kini nagpamatuod nga ang ilang debusyon ug sakripisyo para sa ilang mga anak, sa ulahi, kondisyonal. Sila magsulay nga kuhaon ang ilang gusto pinaagi sa ilang mga anak sa baylo sa ilang gugma nga gihatag.

Ang gugma sa mga anak sa kasagaran mas minos kaysa sa ilang mga ginikanan. Usa ka sinultian sa mga Koryano nag-ingon nga, "Kung ang mga ginikanan mag-antus sa sakit sa taas nga panahon, ang tanang mga anak magbiya sa ilang mga ginikanan." Kung ang mga ginikanan magsakit ug magtigulang ug walay higayon nga maulian pa, ug kung ang mga anak kinahanglan nga atimanon sila, sila mobati og nagkadaku nga kalisud aron atubangon ang sitwasyon. Sa gagmay pa sila nga mga anak, sila gani magsulti og usa ka butang sama sa, "Dili ko magminyo ug ako mopuyo lang kauban kaninyo, mama ug papa." Sila mahimong maghunahuna og aktuwal nga gusto kanilang magpuyo kauban ang ilang mga ginikanan sa tibuok nilang mga kinabuhi. Apan sa ilang pagtubo, mas nagkadaku og minos ang ilang interés sa ilang mga ginikanan kay sila nagkasako sa pagpangabuhi. Ang mga kasingkasing sa mga katawohan namanhod kaayo sa mga sala niining mga inadlaw, ug hinglabi pag-ayo ang kadaut nga usahay ang mga ginikanan mopatay sa ilang mga anak ug ang mga anak mopatay sa ilang mga ginikanan.

Gugma taliwala sa Bana ug Asawa

Unsa man ang mahitungod sa gugma taliwala sa magti-ayon? Sa kaniadtong sila mag-uyab pa, ilang isulti ang tanang matam-is nga mga pulong sama sa, "Dili ko mabuhi nga wala ka. Higugmaon kita hangtud sa kahangtoran." Apan unsa man ang mahinabo pagkahuman kanila og minyo? Ilang kayugotan ang ilang mga esposo ug magsulti nga, "Dili ko mabuhi sa gusto kanakong kinabuhi tungod kanimo. Imo ko'ng gilimbongan."

Sa una sila nagkompisal sa ilang gugma para sa usa og usa, apan pagkahuman og minyo, kanunay sila magsambit sa paghimulag o dibursyo tungod lang kay sila naghunahuna nga ang ilang kaagi sa pamilya, edukasyon, o mga personalidad wala magtangkod. Kung ang pagkaon dili maayo sumala sa gusto sa bana kini unta, siya moreklamo sa iyang asawa nga mag-ingon, "Unsang klase sa pagkaon kini? Walay bisan unsang makaon!" Usab, kung ang bana dili husto ang pinangitan-an nga kuwarta, ang asawa magbangingi sa iyang bana sa mga butang sama sa, "Ang bana sa akong amigo na-promote na nga usa ka direktor ug ang usa pa ngadto sa ehekutibo nga opisyal... Kanus-a ka pa mapromote...ug ang usa pa kanako ka amiga nipalit og mas daku nga balay ug bag-o nga kotse, unsa man kita? Kanus-a man kita makaangkon og mas maayo nga mga butang?"

Sa usa ka estatistika sa pagkabayolente sulod sa balay sa Korea, hapit tunga sa tanang naminyo nga mga magti-ayon nahimong bayolente sa ilang mga esposo. Busa daghang mga nagminyo nga mga magti-ayon nawala ang unang gugma nga aduna sila, ug karon sila nagkadumot ug nag-away sa usa og usa. Adunay pipila ka mga magti-ayon nga mihimulag samtang sila nag-honeymoon! Ang kasarangan nga kadugayon sa panahon gikan sa pagminyo ngadto sa pagdebursyo mas nagkamubo, sab. Sila naghunahuna nga ilang gihigugma og pag-ayo ang ilang ma esposo, apan sa ilang kuyog nga pagpuyo ilang makita ang negatibo nga mga puntos sa usa og usa. Kay ang ilang mga paagi sa paghunahuna ug panilaw magkalahi, kanunay sila nga magdasmagay gikan sa usa ka butang ngadto sa usa. Sa ilang pagbuhat niini, ang tanan kanilang mga emosyon nga ilang gihunahuna nga gugma magkabugnaw.

Bisan pa nga sila mahimong walay bisan unsang tin-aw nga kahasol sa usa og usa, sila naanad na sa usa og usa ug ang emosyon sa unang gugma nagbugnaw sa pag-agi sa panahon. Unya, sila nagliso sa ilang mga mata ngadto sa ubang mga lalaki o mga babaye. Ang bana napakyas sa iyang asawa nga sagumot tan-awon sa buntag, ug sa iyang pagtigulang nagkadugang ang gibug-aton, iyang mabati nga siya dili na mabihagon. Ang gugma unta magkahalawom sa pag-agi sa panahon, apan sa kadaghanang mga kaso kini wala mahinabo. Lagi, ang mga pagbag-o diha kanila nagsuporta sa katinuoran nga kining gugmaha unodnon nga gugma nga nagpangita sa iyang kaugalingong benepisyo.

Gugma taliwala sa mga Magsuon

Ang mga magsuon nga gipanganak og samang mga ginikanan ug gipatubo og tingub unta mas duol sa usa og usa kaysa ubang mga katawohan. Sila mahimong magsalig sa usa og usa sa daghang mga butang kay sila nakig-ambit man sa daghang mga butang ug mitipon og gugma para sa usa og usa. Apan ang pipila ka mga magsuon adunay kompetisyon taliwala kanila ug mahimong manibugho sa ubang mga igsoon.

Ang kamaguwangan mahimong sayon ra mobati nga ang pipila ka gugma sa mga ginikanan nga tuyo unta nga gihatag kanila sa karon gikuha ug gihatag ngadto sa ilang mga manghod. Ang ikaduhang mga anak mahimong mobati og pagkango-kango kay sila mobati nga malupig sila sa ilang mga maguwang. Ang katong mga igsoon nga adunay parehong maguwang ug manghod mahimong mobati sa parehong pagkalupig ngadto sa ilang mga maguwang ug pagkabug-at tungod kay kinahanglan kanilang magtugyan sa ilang mga manghod. Sila mahimo sab adunay pamati nga gibiktima kay dili sila makakuha og atensyon gikan sa ilang mga ginikanan. Kung ang mga magsuon dili makapangatubang sa ingon nga mga emosyon og maayo, sila lagmit nga mag-angkon og dili-paborable nga mga reslasyon kauban sa ilang mga igsoon.

Ang unang pagpatay sa kasaysayan sa katawohan gibuhat sab taliwala sa magsuon. Ang nakaingon niini mao ang panibugho ni Cain ngadto sa iyang manghod nga lalaki nga si Abel mahitungod sa mga panalangin sa Dios. Sukad niadtong panahona, adunay nagpadayon nga mga pakigbisog ug pakig-away sa mga magsuon nga lalaki ug babaye sa tibuok kasaysayan sa katawohan. Si Jose gikadumtan sa iyang mga igsoon ug gibaligya isip nga usa ka ulipon ngadto sa Ehipto. Ang anak ni David, si Absalom, gisugo ang usa sa iyang mga tinawo nga patyon ang iyang igsoon nga si

Amnon. Karong adlawa, daghang mga igsoon nga lalaki ug babaye nag-away taliwala sa ilang mga kaugalingon tungod sa panulundon nga kuwarta sa ilang mga ginikanan. Sila nahimong morag mga kaaway sa usa og usa.

Bisan dili pareho ka seryoso kaysa ibabaw nga mga kaso, sa ilang pagkaminyo ug pagsugod sa ilang kaugalingong mga pamilya, sila dili na makahatag og igo nga atensyon sa ilang mga igsoon sumala sa una. Ako gipanganak isip nga ulahing anak nga lalaki sa unom ka mga igsoon. Ako gihigugma sa akong mga igsoon og pag-ayo, apan sa kaniadtong ako nahigda na sa katre alang sa pito ka taas nga tuig tungod sa nagkadaiya nga mga sakit, ang mga sitwasyon mibag-o. Ako nahimong nagkadaku nga pabug-at para kanila. Nagsulay sila nga ayuhon ang akong mga sakit sa pipila ka higayon, apan sa kaniadtong morag wala na'y paglaum, nagsugod sila og talikod kanako.

Gugma kauban ang mga Silingan

Ang mga Koryano nga mga katawohan adunay ekspresyon nga nagkahulogan, "Silingan nga mga Igtagsa." Kini nagkahulogan nga ang among mga silingan pareho ka duol sa among mga miyembro sa pamilya. Sa kaniadtong kadaghanan sa mga katawohan nag-uma ra sa miagi, ang mga silingan bilihon kaayo nga mga linalang nga makahimong makatabang sa usa og usa. Apan kining ekspresyon nagkahimong dili na tinuod. Karong mga adlawa, ang mga katawohan nagpabilin og sira ug kandado sa ilang mga pultihan, bisan pa sa ilang mga silingan. Kita gani nagggamit sa dagkung mga sistema sa seguridad. Ang mga katawohan dili na gani makahibalo kung kinsa ang nagpuyo sa katupad balay.

Wala sila magpasapayan sa ubang tawo ug wala sila'y intensiyon aron mahibaloan kung kinsa ang ilang mga silingan. Sila nagkonsiderar lang sa ilang mga kaugalingon, ug ang ila lang layon nga mga miyembro sa pamilya ang importante para kanila. Wala sila magsalig sa usa og usa. Usab, kung ilang mabati nga ang ilang silingan nakaingon sa bisan unsang klase sa kahasol, kagusbatan o kadaut, dili sila magpanagana sa pagsalikway o awayon sila. Karong adlawa adunay daghang mga katawohan nga magsilingan nga nag-akusar sa usa og usa sa dili mahinungdanon nga mga butang. Adunay usa ka tawo nga gidunggab ang iyang silingan nga nagpuyo sa ibabaw sa iyang palapag sa usa ka apartment tungod sa kabanha nga ilang gibuhat.

Gugma kauban ang mga Higala

Busa unya, unsa man ang mahitungod sa gugma taliwala sa mga higala? Mahimong imong hunahunaon nga ang usa ka partikular nga higala mahimong kanunay nga anaa diha sa imong tapad. Apan, bisan pa ang usa ka tawo nga imong gikonsiderar ingon sa usa ka higala mahimong moluib kanimo ug mobiya kanimo nga nadugmok sa kasingkasing.

Sa pipila ka mga kaso, ang usa ka tawo mahimong mangutana sa iyang mga higala nga pahuwamon siya og daku nga kantidad sa kuwarta o mahimong manugpasalig para kaniya, kay siya mabangkaruta na. Kung ang mga higala mobalibad, siya mosulti nga giluiban siya ug dili na siya gustong makita pa sila og usab.

Apan kinsa man ang naglihok og sayop nganhi?

Kung tinuod kanimong gihigugma ang imong higala, dili unta ka makaingon og kasakit nianang higalaa. Kung mabangkaruta ka na, ug mahimong manugpasalig ang imong mga higala para kanimo, kini tino nga ang imong mga higala ug ang ilang mga miyembro sa pamilya mahimong mag-antus kauban kanimo. Gugma ba kini nga makaingon ka sa imong mga higala nga moantus sa ingon nga mga risgo? Dili kini gugma. Apan karong adlawa, ang ingon nga mga butang kanunay nga nahinabo. Dugang pa, ang Pulong sa Dios nagdili kanato gikan sa paghuwam ug pagpahuwam sa kuwarta ug paghatag og kolateral o mahimong manuggarantiya para sa bisan kang kinsa. Kung kita magmasupilon sa ingon nga mga pulong sa Dios, sa kadaghanang mga kaso adunay mga buhat ni Satanas ug ang katong tanan nga nalambigit mangatubang og kagusbatan.

> *Anak ko, kong ikaw mahimong magpapasalig alang sa imong isigkatawo, kung ikaw sa imong mga kamot makadagmal sa usa ka dumuloong; ikaw nabitik tungod sa mga pulong sa imong baba, ikaw nadakpan tungod sa mga pulong sa imong baba* (Mga Proberbio 6:1-2).

> *Dili ka paisip nga usa kanila nga nagapanghampak sa kamot, kon kanila nga maoy mga pasalig tungod sa mga utang* (Mga Proberbio 22:26).

Ang pipila ka mga katawohan maghunahuna nga wais kini nga makighigala base sa kon unsa ang ilang maganansiya gikan kanila.

Kini usa ka katinuoran nga karong adlawa lisud mopangita og usa ka tawo nga mopasugot nga ihatag ang iyang oras, paningkamot, ug kuwarta kauban ang tunay nga gugma para sa iyang mga silingan o mga higala.

Daghan ko og mga higala sukad sa akong pagkabata. Sa wala pa ko mahimong tumuluo sa Dios, akong gikonsiderar ang pagkamatinumanon sa akong mga higala isip nga akong kinabuhi. Akong gihunahuna nga ang among panaghigala molungtad sa kahangtoran. Apan samtang anaa ko sa akong katre nga nagsakit sa taas nga panahon, akong tibuok nga nahimatngonan nga kining gugma kauban sa mga higala mibag-o sab sumala sa ilang kaugalingong mga benepisyo.

Sa una, ang akong mga higala mibuhat og panukiduki aron mangita og maayo nga mga doktor o maayong mga sinauna nga remedyo ug gidala ako kanila, apan sa kaniadtong wala ko maulian gayud, sila mibiya kanako usa usa. Sa ulahi, ang mga higala nga aduna na lang ako mao ang akong mga palahubog ug sugarol nga mga amigo. Bisan pa katong mga higala wala moari kanako tungod kay gihigugma ko kanila, apan kay tungod kinahanglan lang kanila og dapit aron maistambayan lang sa kadali. Bisan sa unudnon nga gugma sila mosulti nga ilang gihigugma ang usa og usa, apan sa madali kini mausab.

Unsa kamaayo kaha kini kung ang mga ginikanan ug mga anak, mga igsoon, mga higala ug mga silingan dili magpangita sa ilang kaugalingon ug dili mausab ang ilang mga batasan nga aduna sila? Kung kini mao ang kaso, kini nagpasabot nga sila adunay espirituhanon nga gugma. Apan sa kadaghanang mga kaso, sila wala mag-angkon sa espirituhanon nga gugma, ug dili sila makapangita og tinuod nga katagbaw niini. Sila nagpangita og gugma gikan sa ilang mga miyembro sa pamilya ug mga katawohan sa palibot kanila. Apan sa padayon kanila nga pagbuhat niini, sila mahimo lang magkadugang og uhaw para sa gugma, nga morag nag-inom sila og tubig sa dagat aron nga matighaw ang ilang kauhaw.

Miingon si Blaise Pascal nga adunay nahulma-sa Ginoo nga vacuum diha sa kasingkasing sa matag tawo nga dili mapuno sa bisan unsang binuhat nga butang, apan pinaagi sa Ginoo lang, ang Magbubuhat, nga gipahibalo pinaagi kang Hesus. Dili kanato mabati ang tinuod nga katagbaw ug kita mag-antus sa usa ka pamati nga walay kahulogan luwas kung ang kanang espasyo mapuno sa gugma sa Dios. Unya, kini ba nagpasabot nga niining kalibutan walay espirituhanon nga gugma nga dili gayud mausab. Dili kini. Dili kini komun, apan ang espirituhanon nga gugma tino nga anaa. Ang 1 Mga Taga-Corinto kapitulo 13 tino nga nagsulti kanato mahitungod sa tinuod nga gugma.

Ang gugma mapailubon, ang gugma mapuangoron ug dili masinahon; ang gugma dili tigpagawal ug ang gugma dili mapahitas-on, dili bastos; dili maakop-akopon, dili masuk-anon o maligotguton, wala magakalipay sa mga buhat nga dili matarung, hinonoa nagakalipay kini sa mga butang nga maminatud-on; mopailub sa tanang mga butang, motoo sa tanang mga butang, molaum sa tanang mga butang, moantus sa tanang mga butang (1 Mga Taga-Corinto 13:4-7).

Gitawag kining klase sa gugma nga espirituhanon ug tinuod nga gugma. Kung atong masayran ang gugma sa Dios ug mabag-o kauban ang kamatuoran, mahimo kanatong maangkon ang espirituhanon nga gugma. Angkonon kanato ang espirituhanon nga gugma kung hain atong mahigugma ang usa og usa sa tanan kanatong kasingkasing ug walay pagbag-o nga batasan, bisan pa kung kini wala magbenepisyo kanato apan magahatag og kadaut kanato.

Mga Paagi aron Masusi ang Espirituhanon nga Gugma

Adunay mga katawohan nga sayop nga nagtoo nga ilang gihigugma ang Dios. Aron nga masusi ang kadakuon nga atong napa-ugmad ang tinuod nga espirituhanon nga gugma ug gugma sa Dios, atong susihon ang mga emosyon ug mga aksiyon nga anaa diha kanato kung kita moagi sa pagpadalisay nga mga pasulit, mga pagtilaw, ug mga kalisud. Atong masusi ang atong mga kaugalingon kung unsa kadaku kanato napa-ugmad ang tinuod nga gugma, pinaagi sa pagsusi kung kita ba tinuod nga nangalipay ug nagpasalamat gikan sa kailadman sa atong mga kasingkasing ug kung kita ba padayon nga nagsunod sa kabubut-on sa Dios.

Kung kita magreklamo ug magligutgot sa sitwasyon ug kung kita magpangita sa kalibutanon nga mga paagi ug magsalig sa mga katawohan, kini nagpasabot nga kita walay espirituhanon nga gugma. Kini nagpamatuod lang nga ang atong kahibalo sa Dios mao nga sa ulo lang nga kahibalo, dili ang kahibalo nga atong gibutang ngadto ug gipaugmad sa atong mga kasingkasing. Sama sa inawat nga papel nga kuwarta matan-aw nga morag tinuod nga kuwarta apan kini sa aktuwal usa lang ka piraso nga papel, ang gugma nga nasayran lang sa kahibalo dili tinuod nga gugma. Kini walay bili. Kung ang atong gugma sa Ginoo dili mausab ug kung kita magasalig sa Dios sa bisan unsang sitwasyon ug bisan unsang klase sa kalisdanan, unya mahimo kanatong mapaugmad ang tinuod nga gugma nga mao ang espirituhanon nga gugma.

"Ug karon magapabilin kining totulo: ang pagtoo, ang paglaum, ug ang gugma; apan ang labing daku niini mao ang gugma."

1 Mga Taga-Corinto 13:13

Bahin 2

Gugma sumala sa anaa sa Gugma nga Kapitulo

Kapitulo 1 : Ang Klase sa Gugma nga Gipangandoy sa Dios

Kapitulo 2 : Ang Mga Kinaiya sa Gugma

Kapitulo 3 : Hingpit nga Gugma

Ang Klase sa Gugma nga Gipangandoy sa Dios

"Kon ako tigpanultig mga dila sa mga tawo ug sa mga anghel,
apan walay gugma, ako usa lamang ka masaba
nga agong o piyangpiyang nga nagatagingting.
Ug kon ako may mga gahum sa paghimog profesiya,
ug makasabut sa tanang mga tinago ug sa tanang kahibalo;
ug kon ako nakabaton sa hingpit nga pagtoo
nga tungod niana arang ko mabalhin ang mga bukid,
apan walay gugma, ako walay kapuslanan.
Kon ipanghatag ko ang tanan kong katigayonan,
ug kon itahan ko ang akong lawas aron pagasunogon,
apan walay gugma, kini dili magapulos kanako."

1 Mga Taga-Corinto 13:1-3

Ang masunod mao ang usa ka insidente nga nahinabo sa usa ka balay para sa ilo sa South Africa. Ang mga bata nagkadugang og sakit usa usa, ug ang gidaghanon nagkadugang sab. Apan dili sila makapangita og bisan unsang partikular nga rason para sa ilang mga sakit. Ang balay para sa mga ilo miagda sa pipila ka bantog nga mga doktor aron nga mohiling kanila. Pagkahuman sa hingpit nga panukiduki, ang mga doktor miingon nga, "Samtang sila nagmata, gaksa ang mga bata ug ipakita ang gugma para kanila sa sulod sa napulo ka minuto."

Sa ilang katingala, ang mga sakit nga walay hinungdan nagsugod og kawala. Kini tungod kay ang mainit nga gugma ang unsay mas kinahanglan sa mga bata kaysa bisan unsang butanga. Bisan pa nga dili kita kinahanglan nga magkabalaka mahitungod sa mga gastos sa pangabuhi ug kita nangabuhi sa dagaya, kung walay gugma dili kita makaangkon sa paglaum sa kinabuhi o ang kabubut-on aron mabuhi. Kini mahimong masulti nga ang gugma mao ang pinakaimportante nga sab-oy sa atong mga kinabuhi.

Importansiya sa Espirituhanon nga Gugma

Ang ikanapulog-tulo nga kapitulo sa 1 Mga Taga-Corinto, kung hain gitawag nga Gugma nga Kapitulo, una sa tanan nagbutang og undak sa importansiya sa gugma sa wala pa kini aktuwal nga nagpatin-aw sa espirituhanon nga gugma sa detalye. Kini tungod kay kung kita magpanultig dila sa mga tawo ug sa mga anghel, apan walay gugma, kita nahimong masaba nga agong o piyangpiyang nga nagatagingting.

Ang 'mga dila sa mga tawo' wala magpasabot sa nagpanultig

mga dila isip nga usa sa mga gasa sa Espiritu Santo. Kini nagpasabot sa tanang mga lengguwahe sa tawo nga nabuhi sa Yuta ingon sa Ingles, Hapon, French, Ruso, ug uban pa. Ang sibilisasyon ug kahibalo gisistema ug gipasa pinaaagi sa lengguwahe, ug busa atong masulti nga ang gahum sa lengguwahe daku kaayo. Gamit ang lengguwahe mahimo kanatong usab mapahibaw ug mahatud ang atong mga emosyon ug mga hunahuna aron nga atong maawhag o matandog ang mga kasingkasing sa daghang mga katawohan. Ang mga dila sa mga tawo adunay gahum nga mairog ang mga katawohan ug ang gahum aron nga makab-ot ang daghang mga butang.

Ang 'mga dila sa mga anghel' nagpasabot sa maanyag nga mga pulong. Ang mga anghel espirituhanon nga mga linalang ug sila nagrepresentar sa 'kaanyag'. Kung ang pipila ka mga katawohan magsulti og maanyag nga mga pulong gamit ang maanyag nga mga tingog, ang mga katawohan maghulagway kanila isip nga mala-anghel nga linalang. Apan ang Dios nagsulti nga bisan pa ang elokinte nga mga pulong sa mga tawo o maanyag nga mga pulong nga sama sa mga anghel mora lang og masaba nga agong o piyangpiyang nga nagatagingting kung walay gugma (1 Mga Taga-Corinto 13:1).

Sa katinuoran, ang usa ka bug-at, solido nga piraso sa puthaw o kobre dili magpagula og masaba nga tingog kung kini hapakon. Kung ang usa ka piraso nga kobre magpagula og masaba nga tingog, kini nagkahulogan nga kini huy-ang sa sulod o kini nipis ug gaan. Ang mga piyangpiyang magbuhat og masaba nga mga tingog kay sila gibuhat gikan sa usa ka nipis nga piraso sa tumbaga. Kini sama sa mga tawo. Kita adunay mga bili nga makumpara sa trigo nga adunay tibuok nga ulo sa lugas lamang kung kita mahimong tinuod nga mga anak sa Dios pinaagi sa pagpuno sa atong mga kasingkasing sa gugma. Sa sukwahi, ang katong walay gugma mora lang og uhot nga walay unod. Nganong mao man kini?

Ang 1 Juan 4:7-8 nagsulti nga, *"Mga hinigugma, maghigugmaay kita ang usa sa usa, kay ang gugma iya sa Dios; ug siya nga nagahigugma gipanganak sa Dios ug nakaila sa Dios. Siya nga wala magahigugma wala makaila sa Dios, kay ang Dios gugma man."* Kini mao nga, ang katong wala nagahigugma walay pasilabot sa Dios, ug sila mora lang og uhot nga walay lugas sa sulod niini.

Ang mga pulong sa ingon nga mga katawohan walay bili bisan pa nga sila elokinte ug maanyag, kay sila dili mahimong makahatag og tinuod nga gugma o kinabuhi sa uban. Apan sila makaingon lang og di-kasulhay sa ubang mga katawohan sama sa masaba nga agong o piyangpiyang nga nagatagingting. Sa pikas nga bahin, ang mga pulong nga naga-unod og gugma adunay makahibulong nga gahum sa paghatag og kinabuhi. Atong makaplagan ang ingon nga ebidensiya sa kinabuhi ni Hesus.

Ang Nagakaigong Gugma Nagahatag og Kinabuhi

Usa ka adlaw si Hesus nagtudlo sa Templo, ug ang mga eskribo ug mga Pariseo midala og usa ka babaye sa Iyang atubangan. Siya nadakpan sa akto nga nagbuhat og panapaw. Bisan gamay nga palakbit sa kalooy dili makita sa mga mata sa katong mga eskribo ug mga Pariseo nga midala sa babaye ngadto.

Miingon sila ni Hesus nga, *"Magtutudlo, kining babayhana nadakpan diha gayud sa buhat sa pagpanapaw. Ug diha sa kasugoan, si Moises nagsugo kanato nga ang ingon kaniya kinahanglan gayud patyon pinaagi sa pagbato. Unsa may Imong ikasulti mahitungod kaniya?"* (Juan 8:4-5).

Ang Kasugoan sa Israel mao ang Pulong ug Kasugoan sa Dios. Kini adunay usa ka kabihayag nga nagsulti nga ang mga nagbuhat og pagpanapaw kinahanglan nga patyon pinaagi sa pagbato. Kung si Hesus misulti nga kinahanglan nilang batohon siya sumala sa Kasugoan, kini nagkahulogan nga Siya misupak sa Iyang kaugalingong mga pulong, kay Iyang gitudloan ang katawohan nga higugmaon ang ilang mga kaaway. Kung Siya miingon nga pasayloon siya, kini tin-aw nga kalapasan sa Kasugoan. Kini mao nga pagtindog batok sa Pulong sa Dios.

Ang mga eskribo ug mga Pariseo nagpahitaas sa ilang mga kaugalingon nga naghunahuna nga sila karon adunay higayon aron nga mapatumba si Hesus. Kay nakaila og pag-ayo sa ilang mga kasingkasing, si Hesus miduko lang ug misulat og usa ka butang sa yuta gamit ang Iyang tudlo. Unya, Siya mitindog ug miingon nga, *"Kinsa kaninyo ang walay sala maoy paunahag labay kaniyag bato"* (Juan 8:7).

Sa pagduko og usab ni Hesus ug misulat sa yuta gamit ang Iyang tudlo, ang mga katawohan mibiya usa usa, ug ang babaye lang ug si Hesus ang nahabilin. Giluwas ni Hesus ang kinabihi niining babaye nga wala maglapas sa Kasugoan.

Sa gawas, ang unsang gisulti sa mga eskribo ug mga Pariseo dili sayop kay ila lang gilitok kung unsa ang gisulti sa Kasugoan sa

Dios. Apan ang motibo sa ilang mga pulong lahi kaayo gikan sa iyaha ni Hesus. Sila nagsulay nga dauton ang uban samtang si Hesus nagsulay nga luwason ang mga kalag.

Kung kita aduna niining klase sa kasingkasing ni Hesus, kita mag-ampo nga naghunahuna mahitungod kung unsang klase sa mga pulong ang makahatag og kalig-on sa uban ug dal-on sila sa kamatuoran. Kita magsulay nga maghatag og kinabuhi sa matag pulong nga atong isulti. Ang pipila ka mga katawohan magsulay nga awhagon ang uban gamit ang Pulong sa Dios o ilahang sulayan nga ihusto ang mga batasan sa ubang katawohan pinaagi sa pagtudlo sa ilang mga kakulangan ug kasaypanan kung hain ilang gihunahuna nga dili maayo. Bisan pa ang ingon nga mga pulong husto, dili sila makaingon og mga pagbag-o sa ubang mga katawohan o makahatag og kinabuhi kanila, hangtud nga ang mga pulong wala gisulti gikan sa gugma.

Busa, kinahanglan kanatong kanunay nga susihon ang atong mga kaugalingon kung kita ba nagsulti kauban ang atong kaugalingong pagkamatarungon ug mga gambalay sa mga hunahuna, o kung ang atong mga pulong gikan sa gugma aron makahatag og kinabuhi sa uban. Imbes nga lanoy kaayo nga sinultiang mga pulong, ang pulong nga naga-unod og espirituhanon nga gugma makahimong tubig sa kinabuhi aron matighaw ang kauhaw sa mga kalag, ug bilihon nga mga bato nga magahatag og kalipay ug kaharuhay sa mga kalag nga anaa sa kasakit.

Ang Gugma kauban ang Mga Buhat sa Pagsakripisyo sa Kaugalingon

Sa kasagaran ang 'propesiya' nagpasabot sa pagsulti mahitungod sa umaabot nga mga kalihokan. Sa biblikal nga tanlag kini mao ang pagdawat sa kasingkasing sa Dios sa inspirasyon sa Espiritu Santo para sa usa ka piho nga katuyoan ug magsulti sa umaabot nga mga kalihokan. Ang pagpropesiya dili usa ka butang nga mahimong buhaton sumala sa pagbuot sa mga tawo. Ang 2 Pedro 1:21 nagsulti nga, *"...tungod kay wala may propesiya nga miabut pinaagi sa kabubot-on sa tawo, hinonoa minandoan sa Espiritu Santo nanagpanulti ang mga balaang tawo sa Dios."* Kining gasa sa propesiya wala gipanalagma og hatag sa bisan kang kinsa lang. Ang Dios wala maghatag niining gasa sa usa ka tawo nga wala gipabalaan, kay siya mahimong maarogante.

Ang "gasa sa propesiya," sumala sa espirituhanon nga gugma nga kapitulo dili usa ka gasa nga gikahatag sa kadiotayan nga espesyal nga mga katawohan. Kini nagkahulogan nga ang bisan kinsa nga nagtoo sa kang Hesukristo ug nabuhi sa kamatuoran mahimong makakita og una ug makasulti mahitungod sa umaabot. Kana mao nga, inig balik sa Ginoo sa kahanginan, ang mga naluwas pagasakdawon sa kahanginan ug mosalmot sa Pito-ka-tuig nga Piging sa Kasal, samtang ang katong wala maluwas maga-antus sa Pito-ka-tuig nga Dakung Kasakitan niining yuta ug mahagbong ngadto sa Impiyerno pagkahuman sa Paghukom sa Dakung Trono nga Maputi. Apan bisan pa nga ang tanang mga anak sa Dios adunay gasa sa propesiya niining paagi sa 'pagsulti mahitungod sa umaabot nga mga kalihokan,' dili silang tanan adunay espirituhanon nga gugma. Lagi, kung sila walay espirituhanon nga gugma, sila mausab sa ilang mga batasan nga magasunod sa ilang kaugalingong bentaha, ug busa ang gasa sa propesiya walay kapuslanan kanila sa bisan unsang butanga. Ang gasa sa iyang kaugalingon mismo dili magatubo ni makalabaw sa gugma.

Ang 'misteryo' nganhi nagpasabot sa sekreto nga gitago sukad sa wala pa ang mga kapahonan, kung hain mao ang pulong sa krus (1 Mga Taga-Corinto 1:18). Ang pulong sa krus mao ang probidensiya para sa pagpaugmad sa tawo, kung hain gibuhat sa Dios sa wala pa ang kapanahonan sa ilalom sa Iyang soberanya. Nakahibalo ang Dios nga ang mga tawo magabuhat og mga sala ug mahagbong ngadto sa dalan sa kamatayon. Para niining rasona Iyang giandam si Hesukristo nga maong mahimong Manluluwas bisan sa wala pa ang mga kapahonan. Hangtud nga kining probidensiya matuman, gipabilin kini sa Dios nga sekreto. Nganong gibuhat man kini Kaniya? Kung nahibaloan pa ang dalan sa kaluwasan, dili unta kini matuman tungod sa pagbabag sa kaaway nga yawa ug ni Satanas (1 Mga Taga-Corinto 2:6-8). Gihunahuna sa kaaway nga yawa ug ni Satanas nga mahimo kanilang mapabilin sa kahangtoran ang kagahum nga ilang gidawat gikan kang Adan kung ilang patyon si Hesus. Apan, kini tungod kay ilang gigalgal ang dautan nga mga katawohan ug gipatay si Hesus nga ang dalan sa kaluwasan giablihan! Bisan pa niana, bisan pa nga atong nahibaloan ang ingon nga dakung misteryo, ang makuha ang ingon nga kahibalo walay kapuslanan kanato kung kita walay espirituhanon nga gugma.

Sama kini sa kahibalo. Nganhi ang termino nga 'tanan nga kahibalo' wala magpasabot sa akademiko nga pagtuon. Kini nagpasabot ngadto sa kahibalo sa Dios ug sa kamatuoran nga anaa sa 66 ka basahon sa Biblia. Sa dihang ato nang masayran ang mahitungod sa Dios pinaagi sa Biblia, kinahanglan sab kanatong na-unang mailhan Siya ug masinatian Siya ug magtoo Kaniya gikan sa atong mga kasingkasing. Kondili ang kahibalo sa Pulong sa Dios mopabilin lang isip nga usa ka piraso nga kahibalo diha sa atong ulo. Mahimo pa gani kanatong gamiton ang kahibalo sa dili maayo nga paagi, pananglitan, sa paghukom ug pagkondena sa uban. Busa, ang kahibalo nga walay espirituhanon nga gugma walay bisan unsang butang nga kapuslanan kanato.

Unsa kaha kung kita adunay ingon nga daku nga pagtoo nga posible kini nga magpairog og bukid? Ang pag-angkon og daku nga pagtoo wala kinahanglan nga magkahulogan nga mag-angkon og daku nga gugma. Unya, nganong ang mga gidak-on sa pagtoo ug sa kanang gugma dili matangkod sa matag usa og tukma? Ang pagtoo mahimong magtubo pinaagi sa pagkakita og mga timaan ug mga kahibulongan ug mga buhat sa Dios. Si Pedro nakakita og daghang mga timaan ug mga kahibulongan nga gibuhat ni Hesus ug tungod niining rasona mahimo sab siyang makalakaw, bisan pa sa kadali lang, sa tubig sa kaniadtong si Hesus naglakaw sa ibabaw sa tubig. Apan nianang panahona si Pedro wala mag-angkon og espirituhanon nga gugma tungod kay wala pa kaniya madawat ang Espiritu Santo. Wala pa kaniya masirkonsisyon ang iyang kasingkasing pinaagi sa pagsalikway sa iyang mga sala, sab. Busa, sa kaniadtong ang iyang kinabuhi sa ulahi nabutang sa peligro, iyang gilimod si Hesus tulo ka beses.

Atong masabtan nganong ang atong pagtoo mahimong

magtubo pinaagi sa kasinatian, apan ang espirituhanon nga gugma moanha diha sa atong mga kasingkasing kung ato lang maangkon ang mga paningkamot, ang debosyon, ug mga sakripisyo aron masalikway ang mga sala. Apan kini wala nagkahulogan nga walay direkta nga relasyon taliwala sa espiritahon nga pagtoo ug gugma. Mahimo kanatong sulayan nga isalikway ang mga sala ug mahimo kanatong sulayan nga higugmaon ang Dios ug ang mga kalag tungod kay aduna kita'y pagtoo. Apan kung walay mga buhat nga aktuwal nga mag-anggid sa Ginoo ug pagpaugmad sa tinuod nga gugma, ang atong buhat para sa gingharian sa Dios walay kahilabtanan sa Ginoo bisan unsa pa kanato pagsulay nga magmatinumanon. Kini sama lang sa gisulti ni Hesus nga, *"Ug unya magaingon ako kanila, 'wala ko gayud kamo igkaila; pahawa Kanako, kamong mga mamumuhat ug dautan'"* (Mateo 7:23).

Gugma nga Magadala og Langitnon nga mga Balus

Sa kasagaran, sa pagduol sa katapusan sa tuig, daghang mga organisasyon ug mga indibiduwal magdonar og kuwarta ngadto sa tigsibya o mantalaan nga mga kompanya aron matabangan ang nagkinahanglan. Karon, unsa man kung ang ilang mga pangalan wala malawag sa mantalaan o sa magsisibya? Ang mga higayon mao nga dili na daghang mga indibiduwal o mga kompanya ang maghatag gihapon og mga donasyon.

Miingon si Hesus sa Mateo 6:1-2 nga, *"Kinahanglan magmatngon kamo nga ang inyong maayong buhat dili ninyo himoon sa atubangan sa mga tawo aron lamang sa pagpasundayag niini ngadto kanila; kay sa ingon niana wala kamoy balus gikan sa inyong Amahan nga anaa sa langit. Busa, sa magahatag kag limos, ayaw pagpatingog ug trumpeta sa atubangan mo, ingon sa ginahimo sa mga maut sa sulod sa mga sinagoga ug diha sa kadalanan, aron sila pagdayegon sa mga tawo. Sa pagkatinuod, magaingon ako kaninyo, nga sila nakadawat na sa ilang balus."* Kung motabang kita sa uban aron nga makakuha og dungog gikan sa mga tawo, mahimo kita nga mapasidunggan sa kadali, apan dili kita makadawat og bisan unsang balus gikan sa Dios.

Kining paghatag para lang sa pagpatagbaw-sa-kaugalingon o aron nga magpahambog niini. Kung ang usa ka tawo magbuhat og manggihinatagon nga buhat isip nga usa lang ka pormalidad, ang iyang kasingkasing mapa-alsa og samot sa iyang pagkuha og nagkadaku nga mga pagdayeg. Kung panalanginan sa Dios kining klase sa tawo, mahimo kaniyang ikonsiderar ang iyang kaugalingon nga tarong sa panan-aw sa Dios. Unya, dili kaniya ipasirkonsisyon ang iyang kasingkasing, ug kini makadaut lang kaniya. Kung magbuhat ka og manggihinatagon nga mga buhat kauban ang gugma para sa imong isigka-tawo, dili ka magtagad kung ang ubang mga katawohan moila kanimo o dili. Kini tungod kay nagtoo ka sa Dios nga Amahan nga nakakita kung unsa ang imong gibuhat sa tago ang magabalus kanimo (Mateo 6:3-4).

Ang manggihinatagon nga mga buhat sa Ginoo dili lang mahitungod sa paghatag sa sukaranon nga kinahanglan sa kinabuhi sama sa mga bisti, pagkaon, ug balay. Kini mas labi nga ang mahitungod sa paghatag sa espirituhanon nga tinapay aron nga maluwas ang kalag. Karong adlawa, kung sila ba mga tumuluo sa Ginoo o dili ba, daghang mga katawohan nagsulti nga ang papel sa mga iglesia mao ang tabangan ang may sakit, ang napagsagdan, ug ang kabos. Dili kini sayop lagi, apan ang unang mga katungdanan sa iglesia mao ang magwali sa Maayong Balita ug luwason ang mga kalag aron nga sila makaangkon og espirituhanon nga pagdait. Ang pinakaimportante nga tuyo sa manggihatagon nga mga buhat nakasanday niining mga tuyo.

Busa, kung tabangan kanato ang uban, importante kini kaayo nga magbuhat og tarong nga buhat sa paghatag pinaagi sa pagdawat og paggiya sa Espiritu Santo. Kung pipila ka dili tarong nga tabang ang gihatag sa usa ka piho nga tawo, mahimong mas sayon para nianang tawhana nga tangtangon ang iyang kaugalingon og dugang gikan sa Dios. Sa kinadautan nga kaso sa senaryo, kini mahimong magdala sa dalan sa kamatayon. Pananglitan, kung atong tabangan ang katong nahimong kabos tungod sa pagpaghubog ug sugal o ang katong anaa sa kalisdanan kay sila nagtindog batok sa kabubut-on sa Dios, nan ang tabang makaingon lang kanila nga mopadulong sa sayop nga dalan og samot. Lagi kini wala nagkahulogan nga dili kanato kinahanglan nga tabangan ang katong dili tumuluo sab. Kinahanglan kanatong tabangan ang mga dili tumuluo pinaagi sa paghatud sa gugma sa Dios kanila. Kinahanglan dili kanato bisan pa niana kalimtan nga ang katuyoan sa manggihinatagon nga mga buhat mao ang pagkatap sa Maayong Balita.

Sa kaso sa mga bag-ong tumuluo nga adunay mahuyang nga pagtoo, kini kinahanglan nga atong palig-onon sila hangtud nga ang ilang pagtoo magtubo. Usahay bisan pa sa katong adunay pagtoo, adunay pipila nga adunay pagkatawo nga mga kaluyahan o mga sakit ug ang uban nga naaksidente nga nagbabag kanila nga makabuhi sa ilang mga kaugalingon. Aduna sab mga tigulang nga mga lungsuranon nga nagpuyo nga nag-inusara o mga anak nga kinahanglan suportahan ang panimalay nga walay mga ginikanan. Kining mga katawohan mahimong anaa sa desperado nga kinahanglanon sa manggihinatagon nga mga buhat. Kung atong tabangan kining mga katawohan nga anaa sa aktuwal nga kinahanglanon, ang Dios magpauswag sa atong kalag ug magpamaayo sa tanang mga butang diha kanato.

Sa Mga Buhat kapitulo 10, si Cornelio mao ang usa ka tawo nga nakadawat og panalangin. Gikahadlokan ni Cornelio ang Dios ug gitabangan ang mga Hudeo nga mga katawohan og kadaghan. Siya usa ka senturyon, usa ka taas nga ranggo nga opisyal nga mao ang nagsakop nga kasundalohan nga nagdumala sa Israel. Sa iyang sitwasyon tingali kini lisud para kaniya nga tabangan ang lokal nga mga katawohan. Ang mga Hudeo tingali mabinantayon nga nagsuspetso sa iyang gibuhat ug ang iyang mga kauban mahimo sab nga kritiko sa iyang gibuhat. Apan, tungod kay iyang gikahadlokan ang Dios wala siya miundang sa maayo nga mga buhat ug pagkamahinatagon. Nakita sa Dios ang tanan kaniyang mga buhat, ug gipadala si Pedro sa iyang panimalay aron nga dili lang ang iyang direkta nga pamilya apan ang katong kuyog kaniya sa iyang balay ang nakadawat sa Espiritu Santo ug kaluwasan.

Dili lang manggihinatagon nga mga buhat ang kinahanglan nga buhaton kauban ang espirituhanon nga gugma apan usab ang mga paghalad sa Dios. Sa Marcus 12, atong mabasa ang mahitungod sa usa ka balo nga gidayeg ni Hesus kay siya mihatag og usa ka halad sa tibuok kaniyang kasingkasing. Siya mihatag lang og duha ka diyot, kung hain mao lang ang tanan nga iyang gikabuhian. Busa, nganong gidayeg man siya ni Hesus? Ang Mateo 6:21 nagsulti nga, *"kay hain gani ang imong bahandi, atua usab didto ang imong kasingkasing."* Sumala sa gisulti, sa kaniadtong gihatag sa balo ang tanan kaniyang gikabuhian nga gastoson, kini nagkahulogan nga ang iyang tibuok nga kasingkasing atua sa Dios. Kini mao ang ekspresyon sa iyang gugma para sa Dios. Sa sukwahi, ang mga halad nga gihatag nga may pagduhaduha o sa pagkahimungawong sa mga gawi ug mga opinyon sa ubang mga katawohan wala magpahimuot sa Dios. Busa, ang ingon nga mga paghalad wala magbenipesyo sa naghatag.

Atua karong istoryahan ang mahitungod sa kinaugalingong-pagsakripisyo. Busa ang, "ituygyan ang akong lawas aron sunugon" nganhi nagpasabot nga, "aron nga hingpit nga isakripisyo ang kaugalingon." Sa kasagaran ang mga sakripisyo gihatag gikan sa gugma, apan sila mahimong mabuhat nga walay gugma. Unya, unsa man ang mga sakripisyo nga gibuhat nga walay gugma.

Ang magreklamo mahitungod sa nagkalainlain nga mga butang pagkahuman og trabaho sa buluhaton sa Dios usa ka pananglit sa sakripisyo nga walay gugma. Kini mao nga imong gihurot and tanan kanimong kusog, panahon, ug kuwarta sa mga buhat sa Dios, apan walay bisan usa nga miila ug midayeg niini ug unya naghinuktok ka ug mireklamo mahitungod niini. Kini mao nga kung makita kanimo ang imong parehong magbubuhat ug gibati nga dili sila maluguton sama kanimo bisan pa nga ilang giangkon nga nahigugma sila sa Dios ug sa Ginoo. Mahimo ka ganing magsulti sa imong kaugalingon nga sila mga tapolan. Sa ulahi ang imo lang nga paghukom ug pagkondena kanila. Kining gawi tago nga nagsukip sa mga pangandoy nga ipahayag ang imong mga merito sa uban, aron nga dayegon kanila ug magpagawal sa pagka-arogante sa imong pagkamatinumanon. Kining klase sa sakripisyo mahimong mobali sa pagdait sa mga katawohan ug makaingon sa kaguol sa Dios. Mao kana kung unsa ang usa ka sakripisyo nga walay gugma walay bisan unsay kapuslanan.

Mahimo kang dili magreklamo sa gawas gamit ang mga pulong. Apan kung walay bisan usa nga moila sa imong matinumanon nga mga buhat, ikaw mahilaw ug maghunahuna nga ikaw walay nada ug ang imong kadasig para sa Dios mabugnaw. Kung ang usa ka tawo magtudlo og mga sayop ug mga kaluyahan nga mga puntos sa mga buhat nga imong natuman sa tanan kanimong kusog, nga gibuhat bisan pa sa punto sa pagsakripisyo sa imong kaugalingon, mahimo kang mawad-an og gana ug basolon ang katong mibatikos kanimo. Kung ang usa ka tawo magbunga og daghan kaysa kanimo ug gidayeg ug gipaboran sa uban, mangabugho ka ug magkasina kaniya. Unya, bisan unsa kamatinumanon ug kamadilaabon kanimo, dili ka makaangkon og tinuod nga kalipay diha sa sulod kanimo. Mahimo pa gani kang mobiya sa imong mga katungdanan.

Aduna sab pipila ka mga tawo nga maluguton lang kung nagtan-aw ang uban. Kung dili sila makita sa uban ug dili na mahimatikdan, sila magkatapolan ug buhaton ang ilang trabaho nga paturagas o dili tarong. Imbes nga mga buhat nga wala maobserbahan sa gawas, ilang sulayan lang nga tumanon ang mga buhat nga makita og pag-ayo sa uban. Kana mao kay sa ilang pangandoy nga ipadayag ang ilang mga kaugalingon sa ilang mga katigulangan ug uban pa ug dayegon kanila.

Busa kung ang usa ka tawo adunay pagtoo unsaon man kaniya pagbuhat og kinaugalingong-pagsakripisyo nga walay gugma. Kini tungod kay sila nagkulang sa espirituhanon nga gugma. Sila nagkulang sa tanlag sa pagpanag-iya nga nagtoo sa ilang kasingkasing nga kung unsa ang iyaha sa Ginoo ila sab ug kung unsa ang ilaha iya sab sa Dios.

Pananglitan, ikumpara ang mga sitwasyon kung hain ang usa ka mag-uuma nagtrabaho sa iyang kaugalingong uma ug sa usa ka magbabaol nga nagtrabaho sa uma sa ubang tawo para sa suhol nga gibayad kaniya. Kung ang usa ka mag-uuma magtrabaho sa iyang kaugalingon nga uma siya masayon nga magakayod gikan sa buntag hangtud sa kagab-ihon. Dili siya maglak-ang sa pagbuhat sa bisan unsang panguma nga mga buluhaton ug siya magbuhat sa tanang mga trabaho nga walay kapakyas. Apan kung ang usa ka gibayaran nga magbabaol magtrabaho sa usa ka uma nga gipanag-iyahan sa ubang tawo, dili kaniya ibubo ang tanan kaniyang enerhiya sa pagbuhat sa trabaho, apan hinuon siya magpangandoy nga mosalop na ang adlaw sa labing madali aron nga siya makadawat sa iyang suhol ug makapauli. Ang parehong prinsipyo nag-aplikar sa gingharian sa Dios sab. Kung ang mga katawohan wala mag-angkon sa gugma para sa Dios sa ilang mga kasingkasing, sila magtrabaho lang para Kaniya og hapaw sama sa gibayaran nga mga kabulig nga gusto lang ang ilang mga suhol. Sila magbagulbol ug magreklamo kung dili kanila madawat ang gidahom nga mga suhol.

Mao kana nganong ang Mga Taga-Colosas 3:23-24 nagsulti

nga, *"Bisan unsa ang inyong pagabuhaton, buhata kini sa kinasingkasing nga ingon sa nagaalagad kamo sa Ginoo ug dili sa tawo, sa nasayran ninyo nga gikan sa Ginoo kamo magadawat sa panulondon ingon nga maoy inyong ganti. Kay sa ingon kamo nagaalagad sa Ginoong Kristo."* Ang pagtabang sa uban ug pagsakripisyo sa kaugalingon nga walay espirituhanon nga gugma walay kahilabtanan sa Dios, kung hain nagkahulogan nga dili kita makadawat og bisan unsang balus gikan sa Dios (Mateo 6:2).

Kung gusto kanatong magsakrpisyo kauban ang tinuod nga kasingkasing, kinahanglan kanatong mag-angkon sa espirituhanon nga gugma diha sa sulod sa atong kasingkasing. Kung ang atong kasingkasing mapuno sa tinuod nga gugma, mahimo kitang magpadayon sa paghalad sa atong kinabuhi sa Ginoo kauban ang tanan nga aduna kita, bisan pa kung ang uban moila kanato og dili ba? Sama nga ang usa ka kandila giduslitan ug magsiga sa kangitngit, atong matugyan ang tanang butang nga aduna kita. Sa Daang Kasabotan, inig patay sa usa ka saserdote sa usa ka mananap aron ihalad kini sa Dios isip nga panghimayad nga sakripisyo, ilang gibubo ang dugo niini ug gisunog ang tambok niini sa kayo sa altar. Ang atong Ginoong Hesus, sama sa mananap nga gihalad isip nga pasiuli para sa atong mga sala, gipaagas ang kinaulahiang tulo sa Iyang dugo ug tubig aron nga lukaton ang tanang mga tawo gikan sa ilang mga sala. Gipakita Kaniya kanato ang usa ka pananglit sa tinuod nga sakripisyo.

Nganong ang Iyang sakripisyo nahimong epektibo aron nga matugotan ang daghang mga kalag nga makaangkon og kaluwasan. Kana tungod kay ang Iyang sakripisyo gibuhat gikan sa hingpit nga gugma. Gikumpleto ni Hesus ang kabubut-on sa Dios ngadto sa punto sa pagsakprisyo sa Iyang kinabuhi. Siya mihalad og tigpataliwala nga pag-ampo para sa mga kalag bisan pa sa kinaulahiang momento sa paglansang sa krus (Lucas 23:34). Para niining tinuod nga sakripisyo, gipahitaas Siya sa Dios ug gihatag Kaniya ang pinakamahimayaon nga posisyon sa Langit.

Busa, ang Filipos 2:9-10 nagsulti nga, *"Tungod niini, ang Dios nagbayaw Kaniya sa kahitas-an, ug mihatag kaniya sa ngalan nga labaw sa tanang mga ngalan, aron nga sa ngalan ni Hesus ang tanang tuhod magapiko didto sa langit, dinhi sa yuta ug sa ilalum sa yuta."*

Kung atong ilabay pahilayo ang kalaog ug mahugaw nga mga pangandoy ug isakprisyo ang atong mga kaugalingon kauban ang maputli nga kasingkasing sama kang Hesus, ipahitaas kita sa Dios ug dal-on kita ngadto sa tag-as nga mga posisyon. Ang atong Ginoo nagsaad sa Mateo 5:8, *"Bulahan ang mga maputli ug kasingkasing kay makakita sila sa Dios."* Busa, madawat kanato ang panalangin nga makakita sa Dios nawong sa nawong.

Gugma nga Naglabaw sa Paghukom

Si Pastor Yang Won Sohn gitawag nga 'Bomba Atomiko sa Gugma'. Gipakita kaniya ang usa ka pananglit sa sakripisyo nga gibuhat kauban ang tinuod nga gugma. Iyang giatiman ang mga sanglahon sa iyang tanang kusog. Gibilanggo sab siya tungod sa pagbalibad sa pagsimba sa mga ampoanan sa giyera sa mga Hapon nga anaa sa ilalom sa pagdumala sa mga Hapon sa sulod sa Korea. Bisan pa sa iyang dedikasyon sa buluhaton para sa Dios, nakadungog pa siya sa makakugang nga mga balita. Kaniadotng Oktubre 1948, duha sa iyang mga anak nga lalaki ang gipatay sa mga walhon nga mga kasundalohan sa usa ka rebelyon batok sa nagdumala nga mga awtoridad.

Ang ordinaryo nga mga katawohan unta magreklamo ngadto sa Dios nga magsulti nga, "Kung buhi ang Dios, nganong mabuhat man kini Kaniya kanako"? Apan siya mihatag lang og pasalamat nga ang duha niya ka anak nga lalaki gipamartir ug anaa na sa Langit sa tapad sa Ginoo. Dugang pa, iyang gipasaylo ang rebelde nga mipatay sa iyang duha ka mga anak nga lalaki ug gisagop pa gani isip nga iyang anak. Mihatag siya og pasalamat sa Dios sa siyam ka mga aspeto sa pagpasalamat sa lubong sa iyang mga anak nga lalaki nga lalom kaayo nga mitandog sa mga kasingkasing sa daghan kaayong mga katawohan.

"Una sa tanan, naghatag ko og pasalamat para sa akong mga anak nga lalaki nga nahimong mga martir bisan pa nga sila gipanganak sa akong linya sa dugo, kay ako puno man sa mga kadulom.

Ikaduha, naghatag ko og pasalamat kay ako gihatagan sa Dios niining bilihon nga mga tawo nga akong pamilya nga apil sa daghan kaayong mga pamilya nga tumuluo.

Ikatulo, naghatag ko og pasalamat nga ang akong una ug ikaduhang mga anak nga lalaki pareho nga gisakripisyo, nga mao ang pinakamaanyag diha sa akong tulo ka mga anak nga mga lalaki ug tulo ka anak nga mga babaye.

Ikaupat, lisud kini para sa usa ka anak nga lalaki nga mahimong martir, apan para kanako nga adunay duha ka mga anak nga lalaki nga nahimong mga martir, naghatag ko og pasalamat.

Ikalima, usa kini ka panalangin nga mamatay sa pagdait kauban ang pagtoo sa Ginoong Hesus, ug naghatag ko og pasalamat nga nadawat kanila ang himaya sa pagkamartir nga gitiro ug namatay samtang nagwali sa Maayong Balita.

Ikaunom, sila nag-andam nga moadto sa Estados Unidos aron magtuon, ug karon sila miadto sa gingharian sa langit, kung hain mas maayo nga dapit kaysa Estados Unidos. Ako naupay ug naghatag ko og pasamalat.

Ikapito, naghatag ko og pasalamat sa Dios nga nagpahimo kanakong mosagop isip nga akong alimahon nga anak, ang kaaway nga mipatay sa akong mga anak.

Ikawalo, naghatag ko og pasalamat tungod kay ako nagtoo nga adunay dagaya nga bunga sa Langit pinaagi sa pagpakamartir sa akong duha ka mga anak nga mga lalaki.

Ikasiyam, naghatag ko og pasalamat sa Dios nga nagpahimo kanako nga mahimatngonan ang gugma sa Dios aron nga makapangalipay bisan sa niining klase sa kalisdanan."

Aron nga maatiman ang may sakit nga mga katawohan, si Pastor Yang Won Sohn wala mobakwit bisan sa panahon sa

Koryano nga Giyera. Siya sa ulahi gipamartir sa mga komunista nga mga kasundalohan. Giatiman kaniya ang may sakit nga mga katawohan nga hingpit nga gipasagdan sa uban, ug sa kamaayo iyang gitambalan ang iyang kaaway nga mipatay sa iyang mga anak nga lalaki. Nahimo kaniyang isakripisyo ang iyang kaugalingon sa paagi nga gibuhat kaniya tungod kay siya napuno sa gugma para sa Dios ug sa ubang mga kalag.

Sa Mga Taga-Colosas 3:14 nagsulti ang Dios kanato nga, *"Ug labaw niining tanan, isul-ob ninyo ang gugma, nga mao ang magabugkos sa tanan ngadto sa usa ka hingpit nga panagkaangay."* Bisan pa kung kita magsulti sa maanyag nga mga pulong sa mga anghel ug adunay abilidad nga magpropesiya ug pagtoo nga makairog og bukid, ug isakpripisyo ang atong mga kaugalingon para sa katong anaa sa panginahanglan, ang mga buhat dili usa ka butang nga hingpit sa panan-aw sa Dios kung kini sila wala gibuhat gikan sa tinuod nga gugma. Karon, atong utingkayon ang matag kahulogan nga unod sa tinuod nga gugma aron makaadto sa walay utlanan nga dimensyon sa gugma sa Dios.

Ang Mga Kinaiya sa Gugma

"Ang gugma mapailubon,
ang gugma mapuangoron ug dili masinahon;
ang gugma dili tigpagawal ug dili tigpaburot, dili bastos;
dili maakop-akopon, dili masuk-anon, dili maligotguton,
ang gugma wala magakalipay sa mga buhat nga dili matarung,
hinonoa nagakalipay kini sa mga butang nga maminatud-on;
mopailub sa tanang mga butang, motoo sa tanang mga butang,
molaum sa tanang mga butang, moantus sa tanang mga butang."

1 Mga Taga-Corinto 13:4-7

Sa Mateo 24, atong makita ang usa ka eksena kung hain si Hesus nangasubo nga nagtan-aw sa Herusalem, nga nasayod nga ang Iyang oras duol na. Kinahanglan Siya nga ibitay sa krus sa probidensiya sa Dios, apan sa Iyang paghunahuna sa katalagman nga moanha diha sa mga Hudeo ug sa Herusalem, dili Kaniya matabangan ang Iyang kaugalingon nga magkasubo. Ang mga tinun-an nahibulong ngano ug nangutana: *"Tug-ani kami, kanus-a man kini mahitabo, ug unsa man ang ilhanan sa imong pag-anhi ug sa pagkatapus sa kapanahonan?"* (b. 3).

Busa, gisultihan sila ni Hesus mahitungud sa daghang mga ilhanan ug nagguol nga misulti nga ang gugma magkabugnaw: *"Ug kay mosanay man ang kadautan, mobugnaw ang gugma sa kadaghanan"* (b. 12).

Karong adlawa, atong piho nga mabati nga ang gugma sa mga katawohan nagkabugnaw. Daghang mga katawohan nagpangita og gugma, apan wala kanila mailhi kung unsa ang tinuod nga gugma, kana mao ang espirituhanon nga gugma. Dili kanato maangkon ang tinuod nga gugma kay tungod gusto lang kanato kini. Magsugod kita nga maangkon kini kung ang gugma sa Dios moanha diha sa atong mga kasingkasing. Makasugod na unya kita og kasayod kung unsa kini ug usab magsugod nga isalikway ang dautan gikan sa atong kasingkasing.

Ang Mga Taga-Roma 5:5 nagsulti nga, *"...ug ang paglaum dili mopahigawad kanato kay ang gugma sa Dios gikahuwad man nganhi sa atong mga kasingkasing pinaagi sa Espiritu Santo nga gikahatag kanato."* Sumala sa gisulti, mabati kanato ang gugma sa Dios pinaagi sa Espiritu Santo dinha sa atong kasingkasing.

Ang Dios nagsulti kanato mahitungod sa matag mga kinaiya sa espirituhanon nga gugma sa 1 Mga Taga-Corinto 13:4-7. Ang mga anak sa Dios nagkinahanglan nga matun-an ang mahitungod kanila ug buhaton sila aron nga sila mahimong mga mensahero sa gugma nga mapabati sa mga katawohan ang espirituhanon nga gugma.

 # 1. Ang Gugma Mapailubon

Kung ang usa ka tawo magkulang og pailob, diha sa tanang ubang mga kinaiya sa espirituhanon nga gugma, sayon ra kaayo kaniya nga madiskurahi ang uban. Kunohay usa ka superbaysor ang naghatag og trabaho sa usa ka tawo nga buhaton, ug kanang tawhana wala magtuman og tarong sa trabaho. Busa, ang superbaysor madali nga naghatag sa trabaho sa laing tawo aron mahuman. Ang orihinal nga tawo nga gihatagan sa trabaho mahimong maglangiob kay wala gihatagan og ikaduha nga higayon aron makabawi para sa dili maayo nga trabaho. Gibutang sa Dios ang 'pailob' isip nga unang kinaiya sa espirituhanon nga gugma kay kini mao ang pinakasukaranan nga kinaiya para sa pagpaugmad sa espirituhanon nga gugma. Kung aduna kita'y gugma, ang paghulat dili laay.

Sa dihang atong mahimatngonan ang gugma sa Dios, atong sulayan nga ipakig-ambit kanang gugma sa ubang mga katawohan sa atong palibot. Usahay kung atong sulayan nga higugmaon ang uban niining paagi, makakuha kita og pagbatok nga mga reaksiyon gikan sa mga katawohan nga mahimong tinuod nga magpagguba sa atong kasingkasing o makaingon og daku nga pagkawala o kadautan kanato. Unya, ang katong mga tawhana dili na matahom tan-awon, ug dili na kanatong mahimong masayran sila og maayo. Aron makaangkon og espirituhanon nga gugma, kinahanglan kanatong magpailob ug maghigugma bisan sa katong mga katawohan. Bisan pa nga dauton kita kanila, kadumtan kita, o magsulay nga ibutang kita sa mga kalisdanan nga walay rason, kinahanglan kanatong ikontrol ang atong hunahuna nga magpailob ug maghigugma kanila.

Usa ka miyembro sa iglesia sa kausa mihangyo kanako nga mag-ampo para sa depresyon sa iyang asawa. Siya miingon sab nga siya usa ka palahubog ug sa kanang magsugod na siya og inom siya mahimong hingpit nga laing tawo ug maghatag og kalisdanan sa mga miyembro sa iyang pamilya. Ang iyang asawa, bisan pa niana, mapailubon kaniya sa matag panahon ug sulayan nga salimbongan ang iyang sayop kauban ang gugma. Apan ang iyang batasan wala gayud mausab, ug sa pag-agi sa panahon siya nahimong alkoholiko. Nawala sa iyang asawa ang kabisog para sa kinabuhi ug siya gibuntog sa depresyon.

Mihatag siya og ingon nga kalisdanan sa iyang pamilya tungod sa iyang pag-inom, apan siya mianha aron dawaton ang akong pag-ampo kay sa gihapon iyang gihigugma ang iyang asawa. Pagkahuman og dungog sa iyang istorya, miingon ko kaniya nga, "Kung gihigugma gayud nimo og tinuod ang imong asawa, unsa man ang kalisud mahitungod sa pag-undang og tabako og inom?" Wala siya mosulti og bisag unsang butanga ug morag nagkulang sa kapangakohan. Mibati ko og kasubo sa iyang pamilya. Miampo ko para sa iyang asawa nga maayo sa depresyon, miampo ko para kaniya aron makadawat sa gahum nga makaundang sa panabako ug pag-inom. Ang gahum sa Dios makahingangha! Nahimo kaniyang moundang sa paghunahuna mahitungod sa pag-inom diha dayon pagkahuman sa pagdawat sa pag-ampo. Sa wala pa niana walay paagi nga dili kaniya matabangan nga moundang og inom, apan siya miundang lang dayon sa dihang pagdawat og pag-ampo. Ang iyang asawa miaayo sab sa depresyon.

Ang Pagpailob mao ang Sinugdanan sa Espirituhanon nga Gugma

Aron mapaugmad ang espirituhanon nga gugma, kinahanglan kanatong magpailob sa uban sa bisan unsang klase sa sitwasyon. Nag-antus ba ka gikan sa kasambol sa imong pagpailob? O, sumala sa kaso sa asawa sa istorya, nadiskurahi ka ba kung ikaw nagpailob sa taas nga panahon ug ang sitwasyon wala mausab para sa kamaayo gayud? Unya, una ibutang ang kabasolan sa mga sirkumstansiya o sa ubang mga katawohan, kinahanglan una kanatong susihon ang atong kasingkasing. Kung atong gipaugmad ang kamatuoran sa atong kasingkasing og hingpit, walay sitwasyon kung hain dili kita magpailob. Kana mao ang, kung dili kita magpailob, kini nagpasabot nga diha sa atong kasingkasing aduna kita sa gihapon og kadautan, kung hain mao ang kabakakan, sa samang kadakuon nga nagkulang kita og pagpailob.

Ang magpailob nagkahulogan nga kita mapailobon sa atong mga kaugalingon ug ang tanang mga kalisdanan nga atong matagbo kung kita magsulay nga ipakita ang tinuod nga gugma.

Pagpailob sumala sa Siyam ka mga Bunga sa Espiritu Santo

1. Kini mao ang pagsalikway sa tanang mga kabakakan ug pagpaugmad sa kasingkasing kauban ang kamatuoran
2. Kini mao ang pagkasayod sa uban, pagpangita sa ilang benepisyo, ug makighidait kauban kanila
3. Kini mao ang pagdawat sa mga tubag sa pag-ampo, kaluwasan, ug mga butang nga gisaad sa Dios

Mahimong adunay lisud nga mga sitwasyon kung atong sulayan nga higugmaon ang tanang tawo sa pagkamasinugtanon sa Pulong sa Dios, ug kini mao ang pagpailob sa espirituhanon nga gugma nga magpailob sa atong tanan nga mga sitwasyon.

Kining pagpailob lahi gikan sa pagpailob isip sa usa sa siyam ka mga bunga sa Espiritu Santo nga anaa sa Mga Taga-Galacia 5:22-23. Unsa man kini kalahi? Ang "pagpailob" nga mao ang usa sa siyam ka mga bunga sa Espiritu Santo nag-awhag kanato nga magpailobon sa tanang butang para sa gingharian ug sa pagkamatarung sa Dios samtang ang pagpailob sa espirituhanon nga gugma mao ang pagpailob aron mapaugmad ang espirituhanon nga gugma, ug busa kini adunay mas salip-ot ug mas piho nga kahulogan. Atong masulti nga kini paghisakop sulod sa pagpailob nga mao ang usa sa siyam ka mga bunga sa Espiritu Santo.

Karong adlawa, sayon ra para sa mga katawohan ang magakusa batok sa uban para sa pagkaingon sa pinakagamay nga pagkaguba sa ilang kabtangan o ikaayo. Adunay nagbaha nga mga kaso sa mga katawohan. Daghang panahon ilang gi-akusahan ang ilang kaugalingong mga asawa o mga bana, o bisan ang ilang kaugalingong mga ginikanan o mga anak. Kung ikaw mapailobon sa uban, ang mga katawohan mahimo ganing magbiaybiay kanimo nga magsulti nga buang-buang ka. Apan unsa man ang gisulti ni Hesus?

Miingon kini sa Mateo 5:39 nga, *"Apan magaingon ako kaninyo, ayaw ninyo pagsukli ang tawong dautan; hinonoa, kon may mosagpa kanimo sa too mong aping, itahan mo kaniya ang pikas usab,"* ug sa Mateo 5:40, *"Ug kon may makigburoka kanimo ug moilog sa imong kamisola, ihatag pa usab kaniya ang imong kupo."*

Wala lang nagsulti si Hesus kanato nga dili magsukli sa dautan gamit ang dautan, apan nga magpailob. Nagsulti sab siya kanato nga magbuhat og maayo para sa katong mga katawohan nga dautan. Tingali maghunahuna kita nga, 'Unsaon man kanato pagbuhat og maayo kanila kung kita suko kaayo ug gisakitan?' Kung kita adunay pagtoo ug gugma, kita sobra pa sa sarang nga makabuhat niini. Kini mao ang pagtoo sa gugma sa Dios nga mihatag kanato sa Iyang bugtong nga Anak isip nga halad-pasighiuli para sa atong mga sala. Kung magtoo kita nga atong nadawat kining klase sa gugma, nan atong mapasaylo ang bisan katong mga katawohan nga nakaingon og daku nga pag-antus ug kadaut kanato. Kung atong gihigugma ang Dios nga naghigugma kanato ngadto sa punto sa paghatag sa Iyang bugtong nga Anak para kanato, ug kung atong gihigugma ang Ginoo nga mihatag sa Iyang kinabuhi para kanato, mahimo kanatong higugmaon ang bisan kinsa ug ang tanang tawo.

Pagpailob nga Walay mga Kinutoban

Ang pipila ka mga tawo nagpugong sa ilang kadumot, kasuko o kapungot ug ubang negatibo nga mga emosyon hangtud nga sa ulahi maabot ang kinutoban sa ilang pagpailob ug sa katapusan mobuto. Pipila ka mga mauwawon nga mga katawohan dili molitok sa ilang mga kaugalingon og sayon apan mag-antus lang sa ilang mga kasingkasing, ug kini magpadulong sa dili maayo nga mga kondisyon sa kahimsog nga naingnan sa sobra kaayo nga pahimug-at. Ang ingon nga pagpailob mora lang og pag-ipit sa usa ka metal nga spring sa imong mga kamot. Kung imong kuhaon ang imong mga kamot, kini molukso lang ug mobalik.

Ang klase sa pagpailob nga gusto sa Dios aduna kita mao nga magpailob hangtud sa katapusan nga walay bisan unsang pagbag-o sa batasan. Aron nga mas takdo, kung aduna kita niining klase sa pagpailob, dili gani kita gayud kinahanglan nga mopailob sa bisan unsang butanga. Dili unta kita motipon og kadumot ug kayugot diha sa atong mga kasingkasing, apan tangtangon ang orihinal nga dautan nga kinaiya nga nakaingon sa ingon nga kalain sa buot ug ibaylo kini ngadto sa gugma ug kalooy. Mao kini ang kinauyokan sa espirituhanon nga kahulogan sa pagpailob. Kung wala kita'y bisan unsang dautan dinha sa atong kasingkasing apan espirituhanon lang nga gugma sa kapuno, dili kini lisud nga higugmaon bisan pa ang atong mga kaaway. Sa katinuoran, dili kanato tugotan ang bisan unsang aligutgot nga molambo sa una pa lang.

Kung ang atong kasingkasing puno sa kadumot, pakig-away, kasina, ug panibugho, una kanatong makita ang negatibo nga mga punto sa ubang mga katawohan, bisan pa nga sa aktuwal sila maayo-ang-kasingkasing. Morag kini kung ikaw nagsul-ob ug rayban nga ang tanang butang madulom tan-awon. Sa pikas nga bahin, bisan pa niana, kung ang atong mga kasingkasing puno sa gugma, unya bisan pa ang mga katawohan nga molihok kauban ang dautan sa gihapon matahom tan-awon. Bisan unsa ang kakulang, kasaypanan, sayop o kaluyahon ang aduna sila, dili kita magdumot kanila. Bisan pa nga gikadumtan kita kanila ug milihok og dautan diha kanato, dili kita magdumot kanila sa baylo.

Ang pagpailob anaa sab sa kasingkasing ni Hesus kung kinsa 'dili mobali sa usa ka nabun-og nga tangbo o palongon ang nagbaga nga pabilo'. Kini mao ang kasingkasing ni Esteban nga miampo bisan pa sa katong nagbato kaniya nga nagsulti, *"Ginoo, dili mo unta sila pagsang-atan niining salaa!"* (Mga Buhat 7:60). Gibato siya kanila tungod lang kay miwali siya sa Maayong Balita kanila. Lisud ba para kang Hesus nga higugmaon ang mga makakasala? Dili gayud! Kini tungod kay ang Iyang kasingkasing mao ang kamatuoran mismo sa iyang kaugalingon.

Usa ka adlaw gipangutana ni Pedro si Hesus. *"Ginoo, hangtud ba makapila makasala ang akong igsoon batok kanako, ug pasayloon ko siya? Makapito ba"* (Mateo 18:21) Unya miingon si Hesus, *"Wala ako mag-ingon kanimo nga makapito, kondili kapitoan ka pito"* (b. 22).

Kini wala nagkahulogan nga kinahanglan lang kita magpasaylo og kapitoan ka pito, kung hain 490 ka beses. Ang pito sa espirituhanon nga tanlag nagsimbolo sa kahingpit. Busa, ang magpasaylo sa kapitoan ka pito ka beses nagpasabot sa hingpit nga pagpasaylo. Atong mabati ang walay kinutoban nga gugma ug pagpasaylo ni Hesus.

Pagpailob nga Nagtuman sa Espirituhanon nga Gugma

Lagi dili kini sayon aron ibaylo ang atong kadumot ngadto sa gugma sa usa lang ka gabii. Kinahanglan kanatong magpailob sa taas nga panahon, nga walay paghunong. Ang Mga Taga-Efeso 4:26 nagsulti nga, *"Pagkasuko kamo, apan ayaw kamo pagpakasala sa inyong pagkasuko; ayaw pasalopi sa Adlaw ang inyong kasuko."*

Nganhi kini nagsulti nga, 'pagkasuko kamo' sa pakigpulong sa katong adunay mahuyang nga pagtoo. Ang Dios nagsulti sa katong mga katawohan nga bisan pa sila masuko tungod sa ilang kakulang sa pagtoo, dili sila kinahanglan nga maghupot sa ilang kasuko hangtud sa pagsalop sa Adlaw, kana mao ang 'sa taas nga panahon', apan tugotan lang nga mopahilayo ang katong mga pamati. Sulod sa matag kadukuon sa pagtoo sa matag usa ka tawo, bisan pa nga ang usa ka tawo adunay kalain sa buot nga nagpatibabaw o kasuko nga mogawas gikan sa iyang kasingkasing, kung iyang sulayan nga isalikway ang katong mga pamati kauban ang pagpailob ug pag-antus, mahimo kaniyang bag-ohon ang iyang kasingkasing ngadto sa kamatuoran ug ang espirituhanon nga gugma magatubo sa iyang kasingkasing og anam anam.

Mahitungod sa makakasala nga kinaiya nga migamot na og halawom diha sa sulod sa kasingkasing, ang usa ka tawo mahimong isalikway kini pinaagi sa pag-ampo og madinalabon kauban ang kapuno sa Espiritu Santo. Importante kini nga sulayan kanatong tan-awon ang mga katawohan nga dili kanato gikagustohan kauban ang pabor ug ipakita kanila ang mga buhat sa kamaayo. Sa atong pagbuhat niana, ang kadumot diha sa atong kasingkasing sa madali mawala, ug kita unya mahimong higugmaon ang katong mga katawohan. Wala kita og kasumpakian ug walay bisan kinsa nga kadumtan. Mahimo sab kanatong mabuhi sa usa ka malipayon nga kinabuhi parehas sa Langit sama sa gisulti sa Ginoo, *"Kay tan-awa, ang gingharian sa Dios anaa ra sa taliwala ninyo"* (Lucas 17:21).

Ang mga katawohan magsulti nga kini mora lang nga anaa sila sa Langit kung sila lipay kayo. Sama niini, ang gingharian sa langit nga anaa ra sa taliwala ninyo nagpasabot kanimo nga nagsalikway sa tanang mga kabakakan gikan sa kasingkasing ug gipuno kini sa kamatuoran, gugma, ug kamaayo. Unya dili ka na kinahanglan nga magpailob, kay tungod ikaw kanunay nga malipayon ug masadya ug puno sa grasya, ug tungod kay imong gihigugma ang tanang tawo sa palibot kanimo. Sa mas kadaghan kanimong ilabay pahilayo ang mga dautan ug matuman ang kamaayo, mas nagkagamay nga kinahanglan kanimong magpailob. Sa gidaghanon kanimong matuman ang espirituhanon nga gugma, dili ka kinahanglan magpailob nga punggan ang imong mga pamati; mahimo kang mapailobon ug madaiton nga maghulat sa uban nga mausab kauban ang gugma.

Sa Langit walay mga pagluha, pagkasubo, ug walay mga kasakit. Tungod kay wala na gayud og dautan apan kamaayo na lang ug gugma sa Langit, dili ka magkadumot sa bisan kang kinsa, masuko o maputong batok sa bisan kang kinsa. Busa, dili na kinahanglan kanimong punggan ug ikontrol ang imong mga emosyon. Lagi ang atong Ginoo dili kinahanglan nga magpailob sa bisan unsang butanga tungod kay Siya mao ang gugma mismo sa Iyang kaugalingon. Ang rason nganong ang Biblia nagsulti nga 'ang gugma mapailobon' tungod kay, isip nga mga tawo, aduna kita'y kalag ug mga hunahuna ug mental nga mga tigbalayon. Gusto sa Dios nga tabangan ang mga katawohan nga makasayod. Sa mas kadaghan kanimong gilabay pahilayo ang mga dautan ug matuman ang kamaayo, mas nagkagamay nga kinahanglan kanimong magpailob.

Pagbali sa Kaaway ngadto sa usa ka Higala pinaagi sa Pagpailob

Si Abraham Lincoln, ang ika-napulog-unom nga presidente sa Estados Unidos, ug si Edwin Stanton dili maayohay sa kaniadtong sila mga abogado pa. Si Stanton gikan sa usa ka bahandianon nga pamilya ug midawat og maayo nga edukasyon. Ang amahan ni Lincoln usa ka pobre nga sapatero ug siya gani wala makahuman og elementarya. Gibiaybiay ni Stanton si Lincoln kauban ang dahol nga mga pulong. Apan si Lincoln wala gayud masuko, ug wala gayud misulti og balik kaniya kauban ang aligugot.

Pagkahumang mapili ni Lincoln isip nga presidente, iyang gibutang si Stanton isip nga Sekretaryo sa Giyera, kung hain mao ang usa ka pinakaimportante nga mga posisyon sa gabinite. Nakahibalo si Lincoln nga si Stanton mao ang husto nga tawo. Sa ulahi, sa katong gitiro si Lincoln sa Teatro sa Ford, daghang mga katawohan ang midagan para luwason ang ilang kaugalingong kinabuhi. Apan si Stanton midagan diretso ngadto kang Lincoln. Naggunit kang Lincoln sa iyang mga butkon ug ang iyang mga mata napuno sa luha, siya miingon, "Nganhi naghigda ang pinakadaku nga tawo sa panan-aw sa kalibutan. Siya mao ang pinakadaku nga lider sa kasaysayan."

Ang pagpailob sa espirituhanon nga gugma makadala og mga milagro aron nga mabali ang mga kaaway ngadto sa mga higala. Ang Mateo 5:45 nagsulti nga, "...*aron mahimo kamong mga anak sa inyong Amahan nga anaa sa langit; kay Siya nagapasubang sa iyang Adlaw sa ibabaw sa mga dautan ug sa ibabaw sa mga maayo, ug nagpadalag ulan ngadto sa mga matarung ug sa mga dili matarung.*"

Ang Dios mapailobon bisan sa katong mga katawohan nga nagbuhat og dautan, nga gustong mausab sila sa pipila ka adlaw. Kung atong tratohon ang dautan nga mga tawo gamit ang dautan, kini nagkahulogan nga kita dautan sab, apan kung kita magpailob ug maghigugma kanila pinaagi sa paghangad sa Dios kung kinsa magabalus kanato, magadawat kita og maanyag nga puy-anan sa Langit sa ulahi (Mga Salmo 37:8-9).

2. Ang Gugma Mapuangoron

Sa tanan nga mga Fable ni Aesop adunay usa ka istorya mahitungod sa Adlaw ug hangin. Usa ka adlaw ang Adlaw ug hangin mibuhat og usa ka pusta kung kinsa ang unang makatangtang sa abrigo sa usa ka tawo nga molabay. Ang hangin nauna, ug madinaugon nga mibuga ug mipadala og igo nga kabaskog nga huyop sa hangin aron nga mapatumba ang usa ka kahoy. Ang tawo samot nga mihugot og putos sa iyang kaugalingon gamit ang iyang abrigo. Sunod, ang Adlaw, nga nagsul-ob og yuhom sa iyang nawong, mahinay nga mipagula og mainiton nga sinadlaw. Sa pagkahimo niini og kainit, mibati ang tawo og init ug sa dili madugay gitangtang ang iyang abrigo.

Kining istorya naghatag kanato og usa ka maayo nga leksiyon. Ang hangin gisulayan nga pwersahon ang tawo nga hubuon ang iyang abrigo, apan ang Adlaw boluntaryo nga gipahubo sa tawo ang iyang abrigo. Ang pagkamapuangoron usa ka butang nga sama niini. Ang pagkamapuangoron mao ang pagtandog ug pagkuha sa kasingkasing sa uban dili pinaagi sa pisikal nga pwersa, apan kauban ang kamaayo ug gugma.

Ang Pagkamapuangoron Modawat sa Bisan Unsang Klase sa Tawo

Ang usa ka tawo nga adunay pagkamapuangoron mahimong modawat sa bisan kinsang tawo, ug daghang mga katawohan mahimong makapahulay diha sa iyang tupad. Usa ka depinisyon sa diksiyonaryo sa pagkamapuangoron mao nga 'ang kalidad o pagkaanaa sa estado nga mapuangoron' ug ang pagkamapuangoron mao ang kinaiya nga mapasensiyahon. Kung makahunahuna ka sa usa ka piraso nga gapas, mahimo kang makasayod sa pagkamapuangoron og mas maayo. Ang gapas dili magbuhat og bisan unsang saba bisan pa kung ubang mga butang ang moigo niini. Kini mogakos lang sa tanang ubang mga butang.

Usab, ang usa ka mapuangoron nga tawo morag usa ka kahoy kung hain daghang mga katawohan ang makapahulay. Kung moadto ka sa usa ka daku nga kahoy sa usa ka mainit nga tingadlaw nga adlaw aron malikayan ang makapaso nga sinadlaw, mabati kanimo ang mas maayo ug mas mabugnaw. Sama niini, kung ang usa ka tawo adunay mapuangoron nga kasingkasing, daghang mga katawohan ang gustong anaa sa tupad anang tawhana ug magpahulay.

Sa kasagaran, kung ang usa ka tawo mapuangoron kaayo ug mahinay nga siya dili gayud masuko sa bisan kang kinsa nga magsamok kaniya, ug dili magpamugos sa iyang kaugalingong mga opinyon, siya giingon nga usa ka maligdong ug mapuangoron-nga-kasingkasing nga tawo. Apan bisan unsa pa siya kamapuangoron ug kaligdong, kung ang kamaayo dili ilhon sa Dios, siya dili masayod nga tinuod nga maligdong. Adunay uban nga motoo sa uban og maayo tungod lang kay ang ilang mga kinaiya mahuyang ug konserbatibo. Adunay uban nga nagpugong sa ilang kasuko bisan pa nga ang ilang mga hunahuna nagsipok kung ang ubang tawo maghatag kanila og kalisdanan. Apan sila dili mahimong masayod nga mapuangoron. Ang mga katawohan nga walay dautan apan aduna lang og gugma sa ilang kasingkasing modawat ug mag-antus sa dautan nga mga katawohan kauban ang espirituhanon nga kamaaghop.

Gusto sa Dios ang Espirituhanon nga Pagkamapuangoron

Ang espirituhanon nga pagkamapuangoron mao ang salangpotan sa kapuno sa espirituhanon nga gugma nga walay dautan. Kauban niining espirituhanon nga pagkamapuangoron wala ka magbatok sa bisan kang kinsa apan dawaton siya, bisan unsa ka banyaga nga mahimo siya. Usab, ikaw nag-antus kay tungod ikaw wais. Apan kinahanglan kanatong hinumdumon nga dili kita makonsiderar nga mapuangoron kay tungod lang nga walay kondisyon kanatong nasayran ug napasaylo ang uban ug maaghop ngadto sa tanang tawo. Kinahanglan aduna sab kita og pagkamatarung, dignidad ug awtoridad aron nga mahimong magtultol ug mag-impluwensiya sa uban. Busa, ang usa ka espirituhanon nga mapuangoron nga tawo dili lang maaghop, apan usab wais ug matarung. Ang ingon nga tawo nabuhi sa usa ka sumbanan nga kinabuhi. Aron nga mas piho mahitungod sa espirituhanon nga pagkamapuangoron, kini mao ang mag-angkon og pagkamaaghop sulod sa kasingkasing ug ang maligdong nga pagkamahinatagon sa gawas.

Bisan pa nga kita nag-angkon og usa ka mapuangoron nga kasingkasing nga walay dautan apan kamaayo lang, kung kita aduna lang og kamaaghop sa sulod, kanang pagkamaaghop lang dili makahimo kanatong gakson ug magka-aduna og positibo nga impluwensiya sa uban. Busa, kung kita makaangkon sa dili lang pagkamapuangoron sa sulod, apan usab mga kinaiya sa gawas sa maligdong nga pagkamahinatagon, ang atong pagkamapuangoron mahimong mapahingpit ug kita magpakita ug mas daku nga gahum. Kung kita mag-angkon sa pagkamahinatagon kuyog ang mapuangoron nga kasingkasing, mahimo kanatong makuha ang mga kasingkasing sa daghang mga katawohan ug matuman ang mas daghan.

Ang usa ka tawo mahimong magpakita sa tinuod nga gugma sa uban kung siya adunay kamaayo ug pagkamapuangoron sa sulod sa kasingkasing, pagkapuno sa pagkamabination ug maligdong nga pagkamahinatagon aron nga mahimong magtultol sa husto nga dalan. Unya, mahimo siyang magdala sa daghang mga kalag ngadto sa dalan sa kaluwasan, kung hain mao ang husto nga dalan. Ang pagkamapuangoron sa sulod dili makapasilak sa iyang kahayag kung wala ang maligdong nga pagkamahinatagon sa gawas. Karon, tan-awon kanato og una kung unsa ang atong kinahanglan nga buhaton aron mapaugmad ang sulod nga pagkamapuangoron.

Ang Sukdanan aron Matakos ang Sulod nga Pagkamapuangoron mao ang Pagpakabalaan

Aron nga matuman ang pagkamapuangoron, una sa tanan, kinahanglan kanatong paphaon ang mga dautan gikan sa kasingkasing ug mahimong balaan. Ang usa ka mapuangoron nga kasingkasing morag gapas, ug bisan kung ang usa ka tawo agresibo nga molihok, kini dili magbuhat og bisan unsang tingog apan mogakos lang nianang tawhana. Ang usa ka tawo nga adunay mapuangoron nga kasingkasing walay bisan unsang dautan ug siya walay bisan unsang kasumpakian sa bisan kinsang ubang tawo. Apan kung kita adunay mahait nga kasingkasing sa kadumot, panibugho ug kasina o magahi nga kasingkasing sa kinaugalingong-pagkamatarungon ug baliroso nga mga kinaugalingong-tigbalayon, kini lisud para kanato nga gakson ang uban.

Kung ang usa ka bato mahulog ug maigo ang usa pa ka gahi nga bato o usa ka bus-ok nga metal nga butang, kini magbuhat og saba ug mountol. Sa samang paagi, ang atong unodnon nga kaugalingon sa gihapon buhi pa, atong ipadayag ang atong dili komportable nga mga pamati bisan pa nga ang uban nakaingon lang sa pinakagamay nga pagkadili komportable. Kung ang mga katawohan mailhan isip nga katong adunay mga kakulang sa kinaiya ug ubang mga sayop, mahimong kita dili motabon, manalipod o sayron sila apan hinoon mahimo kitang mohukom, mokondena, motabitabi ug dauton sila. Unya kini nagkahulogan nga kita morag gagmay nga sudlanan, kung hain naghimabaw kung butangan kanimo og usa ka butang kini.

Kini usa ka gamay nga kasingkasing nga napuno sa daghan kaayong mahugaw nga mga butang nga kini wala na'y bisan unsang lugar aron modawat og bisan unsang butanga pa. Pananglitan, mahimo kitang mahiubos kung ang uban magtudlo sa atong mga sayop. O, kung atong makita ang uban nga naghunghong, tingali atong hunahunaon nga sila nagsulti mahitungod kanato ug mahibulong kung unsa ang ilang gi-istoryahan. Mahimo kitang mohukom sa uban tungod lang kay sila nagpasiplat kanato og kadali.

Ang pagkawalay dautan sulod sa kasingkasing mao ang sukaranan nga kondisyon aron mapaugmad ang pagkamapuangoron. Ang rason mao nga kung walay dautan atong mawili ang uban diha sa atong kasingkasing ug ato silang makita pinaagi sa kamaayo ug gugma. Ang usa ka mapuangoron nga tawo magtan-aw sa uban kauban ang kalooy ug puangod sa tanang panahon. Siya walay intensiyon nga maghukom o magkondena sa uban; sulayan lang kaniyang masayran ang uban kauban ang gugma ug kamaayo, ug bisan ang dautan nga kasingkasing sa mga katawohan matunaw pinaagi sa iyang kainit.

Kini hilabi nga importante nga ang katong nagtudlo ug naggiya sa uban kinahanglan nga mapabalaan. Sa kadakuon nga sila adunay dautan, ilang gamiton ang ilang kaugalingong unodnon nga mga hunahuna. Sama nianang kadakuon, dili kanila husto nga maaninag ang mga sitwasyon sa panon, busa dili mahimong maggiya sa mga kalag ngadto sa berde nga pastohan ug mahilom nga mga tubig. Atong madawat ang paggiya sa Espiritu Santo ug masabtan ang mga sitwasyon sa panon og husto aron madala sila sa pinakamaayo nga paagi kung kita hingpit lang nga mapabalaan. Mailhan sab sa Dios ang kato lang nga hingpit nga napabalaan aron nga tinuod nga mahimong mapuangoron. Ang nagkalain-lain nga mga katawohan adunay nagkalain-lain nga mga sukdanan mahitungod sa unsang klase sa mga katawohan ang mapuangoron nga mga katawohan. Apan ang pagkamapuangoron sa panan-aw sa mga tawo ug sa panan-aw sa Dios nagkalahi gikan sa matag usa.

Giila sa Dios ang Pagkamapuangoron ni Moises

Sa Biblia, giila sa Dios si Moises tungod sa iyang pagkamapuangoron. Atong matun-an kung unsa kaimportante kini nga mailhan sa Dios gikan sa Numeros Kapitulo 12. Sa dihang ang igsoon nga lalaki ni Moises nga si Aaron ug ang iyang igsoon nga babaye nga si Miriam mibatikos kang Moises tungod sa pagpangasawa sa usa ka babaye nga taga-Cusi.

Ang Numeros 12:2 nagsulti nga, *"...ug miingon sila, 'Kang Moises ba lamang nakigsulti ang GINOO? Wala ba usab siya makigsulti kanamo?' Ug ang GINOO nakadungog niini."*

Unsa man ang gisulti sa Dios mahitungod sa unsang ilang gisulti? *"Uban kaniya makigsulti Ako kaniya sa baba ug baba, bisan sa dayag, ug dili pinaagi sa mangitngit nga mga pulong, ug makita niya ang dagway sa GINOO. Busa ngano nga kamo walay kahadlok sa pagsulti batok sa Akong alagad, batok kang Moises?"* (Numeros 12:8).

Ang mahinukmunon nga mga komento ni Miriam ug ni Aaron kang Moises nakapungot sa Dios. Tungod niini si Miriam nahimong sanglaon. Si Aaron nga morag usa ka tigpanulti ni Moises ug Miriam usa sab sa mga lideres sa kongregasyon. Naghunahuna nga sila sab gihigugma og pag-ayo ug giila sa Dios, sa kaniadtong sila mihunahuna nga si Moises mibuhat og usa ka butang nga sayop sila dayon mibatikos kaniya tungod niini.

Wala gidawat sa Dios si Aaron ug Miriam sa pagkondena ug pagsulti batok kang Moises sumala sa ilang kaugalingong mga sukdanan. Unsang klase man sa tawo si Moises? Siya giila sa Dios isip nga pinakamainubsanon ug pinakamaaghop diha sa tanang tawo sa ibabaw sa yuta. Siya sab matinumanon sa tibuok balay sa

Dios, ug tungod niini siya gisaligan sa Dios og pag-ayo nga mahimo gani kaniyang makigsulti sa Dios baba sa baba.

Kung kita magtan-aw ngadto sa proseso sa mga katawohan sa Israel sa pag-ikyas gikan sa Ehipto ug pag-adto ngadto sa yuta sa Canaan, atong masabtan nganong ang pag-ila sa Dios ni Moises taas kaayo. Ang mga katawohan nga migawas sa Ehipto nagsige og buhat og mga sala, nga mibatok sa kabubut-on sa Dios. Sila mireklamo batok kang Moises ug gibasol siya bisan pa sa magagmay lang nga mga kalisdanan, ug kini sama sa pagreklamo batok sa Dios. Sa matag panahon nga sila mireklamo, si Moises mipangayo sa kalooy sa Dios.

Adunay usa ka hitabo nga lagiting nga mipakita sa pagkamapuangoron ni Moises. Samtang atua si Moises sa Bukid nga Sinai aron nga dawaton ang mga sugo, ang mga katawohan mibuhat og usa ka diosdios – usa ka nati nga bulawan – ug sila mikaon, miinom ug mipatuyang sa ilang mga kaugalingon sa pagkahugaw samtang nagsimba niini. Ang mga Ehiptohanon nagsimba sa dios nga morag usa ka toro ug sa kanang baka, ug sila misuon sa ingon nga mga dios. Ang Dios mipakita kanila nga Siya kauban kanila sa daghang mga panahon, apan sila wala nagpakita og bisan unsang timaan sa pagka-usab. Sa ulahi, ang kapungot sa Dios nahulog kanila. Apan niining panahona si Moises mipangaliya para kaniya nga nagbutang sa iyang kinabuhi isip nga garantiya: *"Apan karon, kong pasayloon Mo ang ilang sala, ug dili ugaling, palaa ako, ginaampo ko Kanimo, gikan sa Imong basahon nga gisulatan Mo!"* (Exodo 32:32).

'Ang imong basahon nga gisulatan Mo' nagpasabot sa basahon sa kinabuhi nga nagtala sa mga ngalan sa katong naluwas. Kung ang imong ngalan palaon gikan sa basahon sa kinabuhi, dili ka maluwas. Kini wala lang nagpasabot nga dili ka makadawat og kaluwasan, apan kini nagkahulogan nga ikaw kinahanglan nga mag-antus sa Impiyerno sa kahangtoran. Ang ingon nga kasingkasing ni Moises kaanggid kaayo sa kasingkasing sa Dios nga dili gusto sa bisan kinsa nga mamatay.

Gipaugmad ni Moises ang Pagkamapuangoron pinaagi sa mga Pagsulay

Lagi, si Moises wala nag-angkon sa ingon nga pagkamapuangoron gikan sa sinugdanan. Bisan pa nga siya usa ka Hebeohanon siya gipadaku isip nga usa ka anak nga lalaki sa usa ka Ehiptohanon nga prinsesa ug wala gikulang. Siya midawat og edukasyon sa pinakataas nga klase sa Ehiptohanon nga kahibalo ug mga kabatid sa pakig-away. Siya usab adunay garbo ug kinaugalingong-pagkamatarung. Usa ka adlaw, nakita kaniya ang usa ka Ehiptohanon nga gibukbok ang usa ka Hebreohanon ug gikan sa iyang kinaugalingong-pagkamatarung, iyang gipatay ang Ehiptohanon.

Tungod niini siya nahimong usa ka pugante sa kagab-ihon. Sa kabulahan, siya nahimong pastol sa awaaw sa tabang sa usa ka saserdote sa Midian, apan nawala kaniya ang tanang butang. Ang pag-atiman sa panon usa ka butang nga gikonsiderar sa mga Ehiptohanon nga ubos kaayo. Nianang panahona iyang hingpit nga gipaubos ang iyang kaugalingon, nga nahimatngonan ang daghang mga butang mahitungod sa gugma sa Dios ug kinabuhi.

Wala gitawag sa Dios si Moises, ang prinsipe sa Ehipto, nga

mahimong lider sa mga katawohan sa Israel. Gitawag sa Dios si Moises ang pastol nga nagpaubos sa iyang kaugalingon sa daghang mga panahon bisan pa sa pagtawag sa Dios. Iyang hingpit nga gipaubos ang iyang kaugalingon ug gisalikway ang dautan gikan sa iyang kasingkasing pinaagi sa mga pagsulay, ug tungod niining rasona nahimo kaniyang madala ang sobra sa 600,000 ka mga tawo gawas sa Ehipto ug ngadto sa yuta sa Canaan.

Busa, ang importante nga butang sa pagpaugmad sa pagkamapuangoron mao nga kinahanglan kanatong paugmadon ang gugma pinaagi sa pagpaubos sa atong mga kaugalingon sa atubang sa Dios sa mga pagsulay nga gitugotan diha kanato nga malahosan. Ang kadakuon sa atong pagpakaubos magbuhat og kalahian sa atong pagkamapuangoron, sab. Kung kita kuntento na sa atong pagkakaron nga estado nga naghunahuna nga atong napaugmad ang kamatuoran sa pipila ka kadakuon ug kanang kita giila sa uban sama sa kaso ni Aaron ug ni Miriam, kita mahimo lang nga mas arogante.

Ang Maligdong nga Pagkamahinatagon Nagpahingpit sa Espirituhanon nga Pagkamapuangoron

Aron nga mapaugmad ang espirituhanon nga pagkamapuangoron dili lang kita kinahanglan nga mahimong balaan pinaagi sa pagsalikway sa matag dagway sa dautan, apan kinahanglan sab kanatong paugmadon ang maligdong nga pagkamahinatagon. Ang maligdong nga pagkamahinatagon mao ang halapad nga masayran ug matarung nga dawaton ang uban; nga buhaton ang husto nga butang sumala sa mga katungdanan sa tawo; ug kini ang pag-angkon sa kinaiya nga matugotan ang uban nga masumiter ug matugyan ang ilang mga kasingkasing, pinaagi sa pagsayod sa ilang mga kasaypanan ug pagdawat kanila, ug dili pinaagi sa pisikal nga gahum. Ang mga katawohan nga pareho niini adunay gugma nga nagpadasig sa kompiyansa ug pagsalig sa uban.

Ang maligdong nga pagkamahinatagon parehos sa mga bisti nga gisul-ob sa mga katawohan. Bisan unsa kamaayo kanato sa sulod, kung kita naghubo, ubos ang panan-aw sa uban kanato. Sama niini, bisan unsa kamapuangoron kanato, dili kanato tinuod nga mapakita ang bili sa atong pagkamapuangoron kondili kita makaangkon niining maligdong nga pagkamahinatagon. Pananglitan, ang usa ka tawo mapuangoron sa sulod, apan siya nagsulti og daghang dili kinahanglan nga mga butang kung siya makighinabi sa uban. Ang ingon nga tawo walay dautan nga tuyo sa pagbuhat niini, apan dili kaniya tinuod nga makuha ang pagsalig sa uban kay dili tinuod nga tarong tan-awon ang iyang taras ug edukasyon. Ang pipila ka mga katawohan walay bisan unsang kalain sa buot kay sila nag-angkon og pagkamapuangoron, ug sila wala nakaingon sa bisan unsang kadaut sa uban. Apan kung wala sila aktibo nga nagtabang sa uban o nag-atiman sa uban og maayo, kini lisud para kanila nga makaangkon sa mga kasingkasing sa daghang mga katawohan.

Ang mga bulak nga walay maanyag nga mga kolor o maayong kahumot dili makadani og bisan unsang mga buyog o mga alibangbang ngadto kanila, bisan pa kung sila adunay daghang duga. Sama niini, bisan pa kung kita mapuangoron ug mahimo kanatong ibali ang usa pa ka aping kung ang usa ka tawo mosagpa sa usa sa atong aping, ang atong pagkamapuangoron dili tinuod nga mosidlak kondili kita mag-angkon og maligdong nga pagkamahinatagon sa atong mga pulong ug mga lihok. Ang tinuod nga pagkamapuangoron matuman ug kini mahimong makapakita lang sa iyang tinuod nga bili kung ang sulod nga pagkamapuangoron magsul-ob sa gawas nga bisti sa maligdong nga pagkamahinatagon.

Si Jose aduna niining maligdong nga pagkamahinatagon. Siya mao ang ikanapulog-usa nga anak nga lalaki ni Jacob, ang amahan sa Israel. Siya gikadumtan sa iyang mga igsoon nga mga lalaki ug gibaligya isip nga usa ka ulipon ngadto sa Ehipto sa batan-on pa nga edad. Apan pinaagi sa tabang sa Dios siya nahimong primo ministro sa Ehipto sa edad nga katloan. Ang Ehipto nianang panahona usa ka makusog kaayo nga nasud nga nasentro sa ibabaw sa Nile. Kini usa sa upat ka mga mayor nga 'mga sapnay sa sibilisasyon.' Ang mga magmamando ug ang mga katawohan parehos nga mikuha og daku nga garbo sa ilang mga kaugalingon, ug kini dili gayud usa ka butang nga sayon aron mahimong primo ministro isip nga usa ka langyaw. Kung siya adunay bisan unsang bungtong nga sayop, kinahanglan kaniyang moluwat dayon.

Bisan sa ingon nga sitwasyon, nan, si Jose midumala sa Ehipto og pag-ayo ug wais kaayo. Siya mapuangoron ug mapainubuson, ug siya walay sayop sa iyang mga pulong ug mga lihok. Siya aduna sab og kaalam ug dignidad isip nga usa ka magmamando. Aduna siya og gahum nga ikaduha lang sa hari, apan wala kaniya sulayi nga dominahon ang mga katawohan o ipaganyar ang iyang kaugalingon. Siya istrikto sa iyang kaugalingon, apan siya mahinatagon kaayo ug maaghop sa uban. Busa, ang hari ug ang ubang mga ministro wala gayud og panigana ug pag-amping mahitungod kaniya o manibugho kaniya; ilang gibutang ang ilang hingpit nga pagsalig kaniya. Atong masayod kining katinuoran pinaagi sa pagkonsiderar kung unsa ka mainiton nga gihinangop sa mga Ehiptohanon ang pamilya ni Jose, nga mibalhin sa Ehipto gikan sa Canaan aron nga maikyasan ang kagutom.

Ang Pagkamapuangoron ni Jose Gikuyogan sa Maligdong nga Pagkamahinatagon

Kung ang usa ka tawo aduna niining maligdong nga pagkamahinatagon, kini nagkahulogan nga siya adunay usa ka halapad nga kasingkasing, ug siya dili maghukom ug magkondena sa uban gamit ang iyang kaugalingong sukdanan bisan pa nga siya matarung sa iyang mga pulong ug mga buhat. Kining kinaiya ni Jose napadayag og pag-ayo sa kaniadtong ang iyang mga igsoon nga mga lalaki, nga nagbaligya kaniya ngadto sa pagka-ulipon sa Ehipto, misulod sa Ehipto aron magkuha og pagkaon.

Sa una, wala mailhi sa mga igsoon nga lalaki si Jose. Kini masayran ra kay wala kanila makita siya sa sobra sa kaduhaan ka tuig. Dugang pa, dili gayud kanila posibleng mahunahuna nga si Jose mahimong primo ministro sa Ehipto. Karon, unsa man ang gibati ni Jose sa pagkakita kaniya sa iyang mga igsoon nga mga lalaki nga halos patyon siya ug sa ulahi gibaligya siya ngadto sa pagka-ulipon sa Ehipto? Aduna siya og gahum aron nga pabayron sila sa ilang sala. Apan dili gusto ni Jose nga magpanimalos. Iyang gitagoan ang iyang kailhanan ug gisulayan sila og makaduha ka beses aron makita kung ang ilang kasingkasing parehos sa miagi.

Si Jose sa tinuod naghatag kanila og higayon aron magbasol sa ilang mga sala sa atubangan sa Dios sa ilang mga kaugalingon, kay ang sala sa pagplano sa pagpatay ug pagbaligya sa ilang kaugalingong igsoon nga lalaki isip nga usa ka ulipon sa ubang nasud dili usa ka butang nga minor. Wala lang siya nagpataka og pasaylo o magsilot kanila, apan iyang gidala ang mga sitwasyon sa usa ka paagi nga ang iyang mga igsoon nga lalaki mahimong magbasol sa ilang mga sala sa ilang kaugalingon. Sa ulahi, pagkahuman lang nga mahinumduman sa mga igsoon nga lalaki ang ilang sayop ug mibasol, gipadayag ni Jose ang iyang kailhanan.

Nianang panahona, ang iyang mga igsoon nga lalaki nahadlok. Ang ilang mga kinabuhi anaa sa mga kamot sa ilang igsoon nga si Jose nga sa karon mao ang primo ministro sa Ehipto, ang pinakamabaskog nga nasud sa yuta nianang panahona. Apan si Jose walay pangandoy nga pangutan-on kanila nganong gibuhat kanila ang ilang gibuhat. Wala kaniya sila gihulga pinaagi sa pagsulti nga, "Karon magabayad kamo sa inyong mga sala." Apan hinuon iyang gisulayan nga pahupayon sila ug ibutang ang ilang mga hunahuna sa himutang. *"Ug karon, ayaw ninyo ikasubo ni ikaguol sa inyong kaugalingon nga ako gibaligya ninyo dinhi, kay ang Dios nagpadala kanako sa pag-una kaninyo aron sa pagbantay sa kinabuhi"* (Genesis 45:5).

Iyang giila ang katinuoran nga ang tanang butang anaa sa plano sa Dios. Wala lang gipasaylo ni Jose ang iyang mga igsoon nga lalaki gikan sa iyang kasingkasing apan iya sab gipahupay ang ilang kasingkasing gamit ang makatandog nga mga pulong, ug pagsayod kanila og hingpit. Kini nagkahulogan nga gipakita ni Jose ang lihok nga mahimo ganing makatandog sa mga kaaway, kung hain mao ang gawas nga maligdong nga pagkamahinatagon. Ang pagkamapuangoron ni Jose nga gikuyogan og maligdong nga pagkamahinatagon mao ang gigikanan sa gahum aron maluwas ang daghan kaayong mga kinabuhi sa sulod ug palibot sa Ehipto ug ang basehan aron matuman ang makahibulong nga plano sa Dios. Sumala sa gipatin-aw hangtud karon, ang maligdong nga pagkamahinatagon mao ang gawas nga ekspresyon sa sulod nga pagkamapuangoron, ug mahimo niini nga makuha ang kasingkasing sa daghang mga katawohan ug ipakita ang daku nga gahum.

Ang Pagpabalaan Kinahanglan aron Makaangkon sa Maligdong nga Pagkamahinatagon

Sama nga ang sulod nga pagkamapuangoron mahimong makab-ot pinaagi sa pagpabalaan, ang maligdong nga pagkamahinatagon mahimong mapaugmad kung atong isalikway ang dautan ug mahimong balaan. Lagi, bisan pa kung ang usa ka tawo wala mapabalaan, mahimo siyang magpakita og maligdong ug mahinatagon nga mga lihok sa pipila ka kadakuon pinaagi sa edukasyon o tungod kay siya gipanganak nga adunay halapad nga kasingkasing. Apan ang tinuod nga maligdong nga pagkamahinatagon mahimong mogawas gikan sa kasingkasing nga libre sa dautan kung hain nagsunod lang sa kamatuoran. Kung gusto kanatong hingpit nga mapaugmad ang maligdong nga pagkamahinatagon, dili kini igo lang nga ibton ang punoan nga mga gamot sa dautan sa atong kasingkasing. Kinahanglan kanatong isalikway bisan pa ang mga inagian sa dautan (1 Mga Taga-Tesalonica 5:22).

Kini nakutlo gikan sa Mateo 5:48 nga, *"Busa, kamo*

kinahanglan magmahingpit ingon nga hingpit ang inyong Amahan nga langitnon." Inig kalabay kanato sa tanang mga klase sa mga dautan gikan sa kasingkasing ug usab mahimong walay kabasolan sa atong mga pulong, mga buhat, ug mga gawi, mahimo kanatong mapaugmad ang pagkamapuangoron aron nga daghang mga katawohan ang makapahulay diha kanato. Para niining rasona kinahanglan dili kita matagbaw kung sa ulahi maabot na kanato ang lebel kung hain atong nasalikway ang mga dautan ingon sa kadumot, kasina, panibugho, pagkamapahitas-on ug pagkamaputong. Kinahanglan sab kanatong hubuon bisan pa ang minor nga mga kasaypanan sa lawas ug ipakita ang mga buhat sa kamatuoran pinaagi sa Pulong sa Dios ug madilaabon nga mga pag-ampo, ug pinaagi sa pagdawat sa paggiya sa Espiritu Santo.

Unsa man ang mga kasaypanan sa lawas? Ang Mga Taga-Roma 8:13 nagsulti nga, *"...kay mamatay kamo kon magkinabuhi kamo uyon sa unod; apan mabuhi kamo kon pinaagi sa Espiritu inyong patyon ang mga binuhatan sa lawas."*

Ang lawas nganhi wala lang nagpasabot sa atong pisikal nga lawas. Ang lawas espirituhanon nga nagpasabot sa lawas sa tawo pagkahuman nga ang kamatuoran miawas gikan kaniya. Busa, ang mga buhat sa unod nagpasabot sa mga buhat nga naggikan sa mga kabakakan nga mipuno diha sa mga katawohan nga mibaylo ngadto sa unod. Apil sa mga buhat sa lawas dili lang ang dayag nga mga sala apan usab ang tanang mga klase sa dili hingpit nga mga buhat o mga lihok.

Aduna ko'y usa ka ulosahon nga kasinatian sa miagi. Kung mohikap ko sa bisan unsang butang, mabati kanato nga morag nakuryentehan ko ug ako mokibotkibot matag higayon.

Nahadlok na ko nga mohikap og bisan unsang butanga. Natural lang nga, sa matag panahon nga mohikap ko og bisan unsang butanga pagkahuman niana, miangkon ko og usa ka maampoon nga hunahuna nga nagtawag sa Ginoo. Wala ko mibati sa ingon nga mga pamati kung maampingon ko nga mohikap sa mga butang. Inig abri og pultahan, akong guniton og hinay kaayo ang lisoanan. Kinahanglan ko nga moamping og maayo bisan pa sa pagpangumusta sa mga kamot sa mga miyembro sa iglesia. Ang ingon nga kahibulongan nipadayon sa daghang mga buwan, ug ang tanan kanatong mga gawi nahimong maampingon kaayo og mahinay. Sa ulahi akong nahimatngonan nga gibuhat sa Dios ang akong mga buhat sa lawas og hingpit pinaagi sa ingon nga mga kasinatian.

Kini mahimong mahunahuna nga gamay ra, apan ang paagi sa gawi sa usa ka tawo importante kaayo. Ang pipila ka mga katawohan nabatasan na nga magbuhat og kontak nga pisikal sa uban kung sila mokatawa o makighinabi kauban sa mga katawohan nga anaa sa tapad kanila. Ang pipila adunay daku kaayo nga tingog walay sapayan sa panahon o dapit ug makaingon og dili pagkakomportable sa uban. Kining mga gawi dili daku nga mga sayop, apan sila sa gihapon dili perpekto nga mga kasaypanan sa lawas. Ang katong adunay maligdong nga pagkamahinatagon adunay tarung nga mga gawi sa ilang matag-adlaw nga kinabuhi, ug daghang mga katawohan gustong magpangita og pahulay diha kanila.

Pagbag-o sa Kinaiya sa Kasingkasing

Sunod, kinahanglan kanatong paugmadon ang kinaiya sa atong kasingkasing aron maangkon ang maligdong nga pagkamahinatagon. Ang mga kinaiya sa kasingkasing nagpasabot sa kadakuon sa kasingkasing. Sumala sa matag kinaiya sa kasingkasing sa usa ka tawo, pipila ka mga katawohan magbuhat og sobra kaysa gidahum kanila samtang ang pipila ka uban magbuhat lang sa mga butang nga gikahatag para kanila o maorag mas gamay pa kaysa niana. Ang usa ka tawo nga adunay maligdong nga pagkamahinatagon adunay kinaiya sa kasingkasing nga daku ug halapad, busa siya dili lang magtagad sa iyang kaugalingong personal nga mga kahimtang, apan siya usab moatiman sa uban.

Ang Filipos 2:4 nagsulti nga, *"nga ang matag-usa kaninyo magatagad dili lamang sa iyang kaugalingong mga kahimtang, kondili sa mga kahimtang sa uban usab."* Kining kinaiya sa kasingkasing mahimong magkalain-lain sumala sa kung unsa kanato gipalapad ang atong kasingkasing sa tanang mga sirkumstansiya, busa kini mahimo kanatong mabag-o kini pinaagi sa padayon nga pagpaningkamot. Kung kita apurado nga magtagad lang para sa atong kinaugalingong personal nga mga interes, kinahanglan kanatong mag-ampo sa detalye ug mausab sa atong salip-ot nga hunahuna ngadto sa mas halapad nga kasingkasing nga unang magkonsiderar sa benepisyo sa mga sitwasyon sa uban.

Hangtud sa siya gibaligya ngadto sa pagkaulipon sa Ehipto, si Jose gipadaku sama sa mga tanom ug mga bulak nga gipatubo sa usa ka balay nga tanaman. Dili siya makatagad sa matag tulumanon sa balay o matakos ang mga kasingkasing ug mga sitwasyon sa iyang mga igsoon nga mga lalaki nga wala gihigugma sa ilang amahan. Pinaagi sa nagkadaiya nga mga pagsulay, nan, nahimo kaniyang mag-angkon sa kasingkasing nga maobserbahan ug madumala ang matag suok sa iyang kalikopan, ug iyang natunan kung unsaon pagkonsiderar sa mga kasingkasing sa uban.

Gipalapad sa Dios ang kasingkasing ni Jose aron maandam para sa panahon kung kanus-a si Jose mahimong primo ministro sa Ehipto. Kung atong matuman kining kinaiya sa kasingkasing kauban ang usa ka mapuangoron ug walay kabasolan nga kasingkasing, mahimo sab kanatong madumala ug matagad ang usa ka mayor nga organisasyon. Kini usa ka mithi nga kinahanglan sa usa ka lideres.

Mga Panalangin para sa Mapuangoron

Unsang klase sa mga panalangin ang igahatag sa katong nakatuman sa hingpit nga pagkamapuangoron pinaagi sa pagtangtang sa mga dautan gikan sa kasingkasing ug pagpaugmad sa maligdong nga pagkamahinatagon sa gawas? Sumala sa gisulti sa Mateo 5:5, *"Bulahan ang mga maaghop, kay sila magapanunod sa yuta,"* ug sa Mga Salmo 37:11, *"Apan ang mga maaghop magapanunod sa yuta ug magakalipay sa ilang kaugalingon tungod sa kadagaya sa pakigdait,"* mahimo kanilang mapanunod ang yuta. Ang yuta nganhi nagsimbolo sa puy-anan sa gingharian sa langit, ug ang pagpanunod sa yuta nagkahulogan nga "nagpangalipay sa dakung gahum sa Langit sa umaabot."

Nganong mangalipay man sila sa dakung kagamhanan sa Langit? Ang usa ka mapuangoron nga tawo nagpalig-on sa ubang mga kalag kauban ang kasingkasing sa atong Amahang Dios ug nagpa-irog sa ilang mga kasingkasing. Ang pagkahimong mas maaghop sa usa ka tawo, mas daghang mga kalag ang magpahulay diha kaniya ug magiyahan ngadto sa kaluwasan pinaagi kaniya. Kung kita mahimong usa ka daku nga tawo kung kinsa daghang mga katawohan ang makapangita og pahulay kini nagkahulogan nga kita misilbi sa uban og daku kaayo. Langitnon nga kagamhanan ang ihatag sa katong nagsilbi. Ang Mateo 23:11 nagsulti nga, *"Ang labing daku kaninyo, ma-inyo siyang sulogoon."*

Nan, ang usa ka maaghop nga tawo mahimong mangalipay sa dakung gahum ug magpanunod sa halapad ug haluag nga yuta isip nga puy-anan inig kaabot kaniya sa Langit. Bisan pa niining ibabaw sa yuta, ang katong adunay dagkung gahum, bahandi, kabantog ug awtoridad, gisunod sa daghang mga katawohan. Apan kung ilang mawala ang tanang butang nga ilang gipanag-iyahan, ilang mawala ang kadaghanan sa ilang awtoridad, ug ang daghang mga katawohan nga misunod kanila magabiya kanila. Ang espirituhanon nga awtoridad nga nagsunod sa usa ka mapungoron nga tawo lahi gikan sa niining kalibutan. Kini dili mawala ni mausab. Sa ibabaw niining yuta, sa pag-uswag sa iyang kalag, siya magmalamposon sa tanang butang. Usab, sa Langit siya higugmaon og daku sa Dios sa kahangtoran ug pagatahuron sa dili-maihap nga mga kalag.

3. Ang Gugma Dili Masinahon

Ang pipila ka mga maayo kaayo nga mga estudyante maghusay ug maghipos sa ilang mga nota sa mga pangutana nga ilang wala masabtan sa miaaging mga pasulit. Ilang tukion ang rason nganong mipakyas sila sa pagkuha sa mga pangutana og tarong ug sabton ang panulun-an og maayo ayha sila magpadayon. Sila nagsulti nga kining paagi epektibo kaayo sa pagtuon sa panulun-an nga ilang lisud sabton sa mas hamubo nga yugto sa panahon. Kining sama nga paagi mahimo sab mapadapat kung magpaugmad sa espirituhanon nga gugma. Kung atong susihon ang atong mga buhat ug mga pulong sa detalye ug isalikway ang matag kakulangan kanato og usa usa, nan mahimo kanatong matuman ang espirituhanon nga gugma sa mas hamubo nga yugto sa panahon. Atong tan-awon ang sunod nga kinaiya sa espirituhanon nga gugma—'Ang gugma dili masinahon'.

Ang kasina nagakahitabo kung ang usa ka pagbati sa kapaitan ug kasubo sobra nga nagtubo ug ang dautan nga mga lihok ang gibuhat batok sa usa pa ka tawo. Kung aduna kita'y pagbati sa pagkamasinahon ug pagkamaibugon sa atong hunahuna, kita mag-angkon og ngil-ad nga mga pamati kung atong makita ang usa ka tawo nga gidayeg o gipalabi. Kung atong makita ang usa ka tawo nga mas maalamon, mas datu ug mas arang kaysa kanato, o kung ang usa sa atong katrabaho nagmauswagon ug nakakuha og pabor gikan sa daghang mga katawohan, mahimo kanatong mabati ang kasina. Usahay atong kadumtan kanang tawhana, nagkagusto nga tikason siya sa tanan kaniyang pagkabutang ug yatak-yatakan siya.

Sa pikas nga bahin mahimo kanatong mabati nga madiskurahi nga naghunahuna, "Siya gipalabi sa uban, apan unsa man ako? Ako wala yamo!" Sa ubang mga pulong, mabati kanato ang kahilaw tungod atong ikumpara ang atong mga kaugalingon sa uban. Kung atong mabati ang pagkadiskurahi ang pipila kanato mahimong maghunahuna nga dili kini kasina. Apan, ang gugma nagpangalipay sa kamatuoran. Sa ubang mga pulong, kung kita adunay tinuod nga gugma kita mangalipay kung ang usa ka tawo mag-uswag. Kung kita madiskurahi ug kasab-an ang atong kaugalingon, o dili mangalipay sa kamatuoran, kini tungod kay ang atong kinaugalingon o 'kaugalingon' aktibo sa gihapon. Kay ang atong 'kaugalingon' buhi, ang atong garbo masakitan kung atong mabati nga kita mas kubos kaysa uban.

Kung ang abughoan nga hunahuna magtubo ug unya kini mogula sa madinauton nga mga pulong ug mga buhat, mao kini ang kasina nga gihisgotan niining Gugma nga Kapitulo. Kung ang kasina mapalambo ngadto sa grabe nga estado, ang usa ka tawo mahimong dauton o bisan pa gani patyon ang ubang katawohan. Ang kasina gawasnon nga pagpadayag sa dautan ug mahugaw nga kasingkasing, ug busa kini lisud para kanato nga adunay kasina nga madawat ang kaluwasan (Mga Taga-Galacia 5:19-21). Kini tungod kay ang kasina usa ka dayag nga buhat sa unod, kung hain mao ang sala nga makita nga gibuhat sa gawas. Ang kasina mahimong makategorya ngadto sa daghang mga klase.

Kasina sa Romantiko nga Relasyon

Ang kasina mahagit sa lihok kung ang usa ka tawo nga anaa sa relasyon nagpangandoy nga makadawat og mas daghang gugma ug pabor gikan sa usa kaysa iyahang nadawat. Pananglitan, ang duha ka asawa ni Jacob, si Lea ug si Raquel, nagkasina sa usa'g usa ug ang matag usa nagpangandoy nga mas paboran ni Jacob. Si Lea ug si Raquel magsuon, parehong anak ni Laban, ang uyoan ni Jacob.

Gipangasawa ni Jacob si Lea isip nga salangpotan sa pagkamalimbongon sa iyang uyoan nga si Laban nga walay pagtagad sa iyang kagustohan. Sa tinuod ang gihigugma ni Jacob mao ang manghod ni Lea, nga si Racquel, ug nakuha siya isip nga iyang asawa pagkatapus sa 14 ka tuig nga serbisyo sa iyang uyoan. Gikan sa sinugdanan mas labi nga gihigugma ni Jacob si Raquel kaysa kang Lea. Apan si Lea nanganak sa upat ka mga anak samtang si Raquel wala makapanganak.

Nianang panahona makauulaw kini para sa mga babaye nga dili makapanganak, ug si Raquel padayon nga nasina sa iyang igsoon nga si Lea. Siya nabulag og pag-ayo sa iyang kasina nga siya nihatag sab og kalisdanan sa iyang bana nga si Jacob. *"Hatagi ako ug mga anak, kay kondili, mamatay ako"* (Genesis 30:1).

Parehong nihatag si Raquel ug si Lea sa ilang kaugalingong ulipon kang Jacob isip nga mga puyopuyo aron makuha lamang ang iyang gugma. Kung sila naghambin lang og bisan gamay nga tinuod nga gugma sa ilang mga kasingkasing, sila unta mangalipay kung ang usa mas gipaboran sa ilang bana. Ang kasina mibuhat kanilang tanan – si Lea, si Raquel, ug si Jacob – nga dili malipayon. Dugang pa, apektabo sab ang ilang mga anak.

Kasina Kung ang mga Sitwasyon sa Uban Mas Bulahan

Ang aspeto sa kasina para sa matag indibiduwal lahi sumala sa mga prinsipyo sa matag kinabuhi sa tawo. Apan kasagaran kung ang uban mas datu, mas maalamon, ug mas sarang kaysa kanato o kung ang usa mas gipaboran ug gihigugma, kita mahimong masina. Dili kini lisud para kanato nga makita ang atong mga kaugalingon sa mga sitwasyon sa kasina sa eskwelahan, sa trabaho, ug sa sulod balay kung kanus-a ang kasina maggikan sa pamati nga ang usa ka tawo mas maayo kaysa kanato. Kung ang usa ka katalirongan moabante ug mauswagon kaysa kanato, mahimo kanatong masilag ug dauton ang uban. Mahimo kanatong maghunahuna nga kinahanglan kanatong yatakan ang uban aron nga kita magmauswagon ug mas mapaboran.

Pananglitan, ang pipila ka mga katawohan magpadayag sa mga sayop ug mga kakulangan sa uban sa trabahoan ug makaingon kanila nga mapailalom sa dili matarung nga katahap ug imbestigasyon sa mga mas nakataas kay gusto kanilang sila ang mapa-usbaw sa ilang kompaniya. Ang mga batan-on nga estudyante dili gani gawas gikan niini. Ang pipila ka mga estudyante magsamok-samok sa ubang mga estudyante nga akademik nga naglabaw o magdaogdaog sa katong mga estudyante nga gipaboran sa manunudlo. Sa balay, ang mga anak dauton ug mangaway sa mga igsoon aron nga makakuha og mas daku nga pag-ila ug pabor gikan sa mga ginikanan. Ang uban magbuhat niini kay gusto kanilang mapanunod ang mas daghang kabtangan gikan sa mga ginikanan.

Mao kana ang kaso ni Cain, ang unang mamumuno sa kasaysayan sa tawo. Gidawat lang sa Dios ang halad ni Abel. Mibati si Cain og kalain ug sa pagkadugang sa pagsulod sa iyang kasina diha kaniya sa ulahi iyang gipatay ang iyang kaugalingong igsoon nga si Abel. Tingali iyang nadungog og balik-balik ang mahitungod sa pagsakripisyo sa dugo sa mga mananap gikan sa iyang ginikanan, si Adan ug si Eba, ug nakahibalo og pag-ayo mahitungod niini. *"Sa pagkatinuod, ubos sa kasugoan hapit ang tanang mga butang pagahinloon ug dugo, ug gawas sa pag-ula ug dugo walay mahimong pasaylo sa mga sala"* (Sa mga Hebreohanon 9:22).

Bisan pa niana, siya mihatag lang og mga sakripisyo sa ani sa yuta nga iyang gi-uma. Sa sukwahi, si Abel mihatag sa sakripisyo sa unang gipanganak nga karnero sa tibuok kaniyang kasingkasing sumala sa kabubut-on sa Dios. Ang pipila mahimong magsulti nga kini dili lisud para kang Abel nga maghatag og sakripisyo sa usa ka nating nga karnero kay siya usa ka magbalantay sa mga karnero, apan kini dili gayud ang kaso. Iyang natun-an ang kabubut-on sa Dios gikan sa iyang mga ginikanan ug gusto kaniyang sundon ang Iyang kabubut-on. Tungod niining rasona gidawat sa Dios ang kang Abel lang nga sakripisyo. Si Cain nagkasina sa iyang igsoon nga wala gayud magbasol sa iyang sayop. Sa dihang kini naduslitan, ang siga sa iyang kasina dili na mapalong, ug sa ulahi iyang gipatay ang iyang igsoon nga si Abel. Unsa kaha ang kasakit nga gibati ni Adan ug ni Eba tungod niini!

Kasina Taliwala sa Magsoon sa Pagtoo

Ang pipila ka mga tumuluo nagkasina sa ubang igsoon sa pagtoo nga nag-una kanila sa kahan-ayan, posisyon, pagtoo, o pagkamatinumanon sa Dios. Ang ingon nga tilimad-on kasagaran nga mahitabo kung ang usa kaanggid sa ilang edad, posisyon, ug kadugayon sa pagkatumuluo, o kung sila nasayod og pag-ayo nianang tawhana.

Sumala sa gisulti sa Mateo 19:30 nga, *"Apan daghan ang nagauna karon nga unya mangulahi; ug ang nangulahi karon nga unya manag-una,"* usahay ang katong mas kubos kaysa kanato sa tinuig sa pagtoo, edad ug usa ka titulo sa iglesia mahimong mag-una kanato. Unya, mahimo kitang hugot nga magkasina batok kanila. Ang ingon nga kasina dili lang anaa taliwala sa mga tumuluo sa parehong iglesia. Kini mahimong anaa taliwala sa mga pastor ug mga miyembro sa iglesia, taliwala sa mga iglesia, o bisan pa taliwala sa laing-laing mga organisasyo nga Kristohanon. Kung ang usa ka tawo maghatag og himaya sa Dios, ang tanan unta kinahanglan nga tingob nga mangalipay, apan sila hinoon nagdaut sa uban isip nga erehison sa usa ka pagsulay nga dad-on panaog ang ngalan sa ubang katawohan o mga organisasyon. Unsa man ang mabati sa mga ginikanan kung ang ilang mga anak mag-away ug magdumot sa usa'g usa? Bisan pa nga ang mga anak maghatag kanila og maayo nga pagkaon ug maayo nga mga butang, sila dili magmalipayon. Ug kung ang mga tumuluo kung kinsa mao ang parehong mga anak sa Dios makigbisog ug mag-away taliwasa sa usa ug usa, o kung adunay kasina taliwala sa mga iglesia, kini makaingon lang sa atong Ginoo nga magkasubo og pag-ayo.

Ang Kasina ni Saul batok kang David

Si Saul mao ang unang hari sa Israel. Iyang gi-usik ang iyang kinabuhi sa kasina kang David. Para kang Saul, si David morag usa ka kabalyero sa nagasidlak nga hinagiban nga miluwas sa iyang nasud. Sa kaniadtong napaubos sa pinakailalom ang kadasig sa mga kasundalohan tungod sa pagpanghadlok ni Goliath nga Filistehanon, si David nagbuhat og usa ka malabulalakaw nga pagbangon ug gipatay ang kampiyon sa mga Filistehanon pinaagig usa lang ka lambuyog. Kining usa lang ka lihok midala og kadaogan sa Israel. Sukad niadto, si David mibuhat og daghang dalayegon nga mga katungdanan sa pagbantay sa nasud gikan sa mga pag-atake sa mga Filistehanon. Ang problema taliwala sa kang Saul ug kang David mitunga niining puntoha. Nakadungog si Saul og usa ka butang nga nagtugaw og maayo gikan sa mga katawohan nga miabi-abi kang David nga nagbalik sa kadaogan gikan sa natad sa panggubatan. Kini mao ang, *"Si Saul nakapatay sa iyang mga linibo, Ug si David sa iyang mga tinagpulo ka libo"* (1 Samuel 18:7).

Si Saul dili kaayo makapahimuot ug siya mihunahuna nga, *"Giunsa man kanila pagkumpara kanako si David? Siya wala yamo kondili usa ka batang magbalantay sa mga karnero!"*

Ang iyang kasuko misaka sa iyang padayon nga paghunahuna mahitungod atong sultiha. Siya naghunahuna nga dili kini tarong para sa mga katawohan nga dayegon si David og pag-ayo, ug sukad niadto ang mga lihok ni David morag matahapon na kaniya. Tingali si Saul mihunahuna nga si David milihok sa usa ka paagi aron nga mapalit ang mga kasingkasing sa mga katawohan. Karon, ang pana sa kasuko ni Saul nagtudlo ngadto kang David.

Siya mihunahuna nga, 'Kung nakuha na di David ang kasingkasing sa mga katawohan, ang rebelyon dil na magdugay!'

Sa pagkadaku sa pagkapin sa iyang mga hunahuna, si Saul mipangita sa higayon aron patyon si David. Sa usa ka panahon, si Saul nag-antus gikan sa dautan nga mga espiritu ug si David midula sa iyang alpa para kaniya. Gidakop ni Saul ang higayon ug gisalibay ang bangkaw kaniya. Maayo lang kay nakalikay si David niini ug nakaikyas. Apan wala si Saul miundang sa iyang mga paningkamot nga patyon si David. Padayon kaniyang gigukod si David kauban ang iyang kasundalohan.

Bisan pa niining tanan, si David wala nagpangandoy nga dauton si Saul kay ang hari dinihogan sa Dios, ug nakahibalo niini si Haring Saul. Apan ang siga sa kasina ni Saul nga giduslitan wala mabugnaw. Nagpadayon si Saul sa pag-antus gikan sa nagtugaw nga mga hunahuna nga motumaw gikan sa iyang kasina. Hangtud nga siya namatay sa usa ka gubat kauban sa mga Filistehanon, si Saul walay pahulay tungod sa iyang kasina ni David.

Ang Katong Nasina kang Moises

Sa Numeros 16, nabasa kanato ang mahitungod ni Kore, Dathan ug Abiram. Si Kore usa ka Levihanon, ug si Dathan ug Abiram nahisakop sa tribo ni Ruben. Sila mikupot og pagdumot batok kang Moises ug sa iyang igsoon ug katabang nga si Aaron. Sila nayugot sa katinuoran nga si Moises nahimong usa ka prinsipe sa Ehipto ug karon siya ang nagdumala kanila bisan pa nga siya usa ka pugante ug usa ka magbalantay sa mga karnero sa Midian. Sa usa pa ka anggulo, sila sa ilang mga kaugalingon gustong mahimong lider. Busa, sila mibuhat og pakigkontak sa mga katawohan aron nga sila magpahisakop sa ilang grupo.

Si Kore, Dathan, ug Abiram mitigom sa 250 ka mga katawohan aron nga magsunod kanila ug sila mihunahuna nga sila makakuha na og kagahum. Sila miadto kang Moises ug Aaron ug nakiglalis kanila. Sila miingon nga, *"Hilabihan ang gahum nga inyong gikuha alang sa inyong kaugalingon, sa natan-aw ninyo nga ang tibook nga katilingban balaan, tagsatagsa kanila, ug ang GINOO anaa sa ilang taliwala; busa, ngano nga nagapahataas kamo sa inyong kaugalingon ibabaw sa katilingban sa GINOO?"* (Numeros 16:3).

Bisan pa nga sila wala namugong sa pagkonpronta kaniya, si Moises wala gayud magsulti og bisan unsa balik kanila. Siya miluhod lang sa atubangan sa Dios aron mag-ampo ug gisulayan nga pahibaw-on sila sa ilang mga sayop ug siya mihangyo sa Dios para sa Iyang paghukom. Nianang panahona ang kapungot sa Dios napukaw batok kang Kore, Abiram ug Dathan ug ang katong kauban kanila. Ang yuta miabli sa iyang baba, ug si Kore, Dathan ug Abiram, kuyog ang ilang mga asawa ug ilang mga anak nga lalaki ug ilang mga gagmay mikunsad buhi ngadto sa Sheol. Ang kalayo sab miabot gikan sa GINOO ug miut-ut sa duha ka gatos ug kalim-an ka mga tawo nga naghalad sa insenso.

Si Moises wala nakaingon og bisan unsang kadaut sa mga katawohan (Numeros 16:15). Siya mibuhat lang sa tanan kaniyang sarang aron madala ang mga katawohan. Iyang gipamatud-an nga ang Dios anaa kanila sa matag panahon pinaagi sa mga ilhanan ug mga katingalahan. Iyang gipakita kanila ang Napulo ka mga Salot sa Ehipto; sila iyang gipatabok sa Pulang Dagat sa uga nga yuta pinaagi sa pagtunga niini ngadto sa duha; mihatag siya og tubig kanila gikan sa bato ug gipakaon sila og manna ug mga buntog sa awa-aw. Bisan pa sila midaut ug mitindog batok kang Moises nga nag-ingon nga siya nagbayaw sa iyang kaugalingon.

Gipakita sab sa Dios sa mga katawohan kung unsa ka daku nga sala kini nga magkasina kang Moises. Ang paghukom og pagkondena sa usa ka tawo nga gitukod sa Dios sama sa paghukom og pagkondena sa Dios sa Iyang kaugalingon. Busa, kinahanglan dili kita dasngag nga mosaway sa mga iglesia o mga organisasyon nga nagpadagan sa ngalan sa Ginoo nga nagsulti nga sila sayop o erehiya. Kay kitang tanan managsoon diha sa Dios, ang kasina taliwala kanato usa ka daku nga sala sa atubangan sa Dios.

Kasina sa mga Butang nga Walay Pulos

Makuha ba kanato kung unsa ang atong gusto sa pagkamasinahon lang? Dili gayud! Mahimo kanatong mabutang ang ubang mga katawohan sa lisud nga mga sitwasyon ug kini mahimong morag mag-una kita kanila, apan sa katinuoran dili kanato makuha ang tanang butang nga atong gusto. Ang Santiago 4:2 nagsulti nga, *"Adunay mga butang nga inyong tinguhaon, apan dili ninyo kini mabatonan; busa mopatay kamog tawo. Ug adunay mga butang nga inyong kaibgan, apan dili ninyo kini maangkon; busa kamo moaway ug makiggubat."*

Imbes nga kasina, hunahunaa kung unsa ang natala sa Job 4:8, *"Sumala sa akong nakita, kadtong magadaro ug kasal-anan ug magapugas ug kasamok, magaani sa mao usab."* Ang dautan nga imong buhaton mobalik diha kanimo sama sa usa ka sumbalik.

Sa panimalus para sa dautan nga imong gipugas, mahimo kang mangatubang og mga katalagman sa imong pamilya o trabahoan. Sumala sa gisulti sa Mga Proberbio 14:30, *"Ang usa ka malinawong kasingkasing maoy kinabuhi sa unod, Apan ang kasina mao ang pagkadunot sa kabukogan,"* ang kasina nagsalangpotan lang sa kaugalingong-pagpasakit nga kadaut, ug busa kini hingpit nga walay pulos. Busa, kung gusto kanimong mag-una sa uban, kinahanglan kanimong mangayo sa Dios nga nagdumala sa tanang butang kaysa mag-usik sa imong enerhiya sa mga hunahuna ug mga lihok sa kasina.

Lagi, dili kanimo makuha nag tanang butang nga imong gipangayo. Sa Santiago 4:3 kini nagsulti nga, *"Kamo nagapangayog mga butang apan dili managpakadawat niini, tungod kay dinautan man ang inyong pagpangamuyo, aron lamang gastohon kini sa pagtagbaw sa inyong mga pangibog."* Kung nangayo ka'g usa ka butang aron nga gastohon kini sa imong mga pangibog, dili ka makadawat tungod dili kini mao ang kabubut-on sa Dios. Apan sa kadaghanang mga kaso ang mga katawohan mangpangayo lang sa pagsunod sa ilang pangibog. Sila mangayo sa bahandi, kabantog, ug gahum para sa ilang kaugalingong kaharuhay ug garbo. Kini naghatag og kasubo kanako sa pagdagan sa akong ministro. Ang sakto ug tinuod nga panalangin dili mao ang bahandi, kabantog, ug gahum apan ang kauswagan sa kalag sa usa ka tawo.

Bisan unsa kadaghang mga butang nga aduna ka og gipangalipayan, unsa man ang pulos niini kung dili ka makadawat og kaluwasan? Ang unsang kinahanglan kanatong hinumdumon mao nga ang tanang mga butang niining yuta mawala nga morag gabon. 1 Juan 2:17 nagsulti nga, *"Ug ang kalibutan mahanaw, ug ang pangibog niini; apan siya nga nagatuman sa kabubut-on sa Dios magapabilin hangtud sa kahangturan,"* ug ang Ecclesiastes 12:8 nagsulti nga, *"'Kakawangan sa mga kakawangan,' nagingon ang Magwawali; 'ang tanan kakawangan man!'"*

Ako naglaum nga dili ka masina sa imong mga igsoon pinaagi sa paggunit sa mga butang nga walay pulos sa kalibutan apan magangkon og usa ka kasingkasing nga matarung sa pana-aw sa Dios. Unya, ang Dios motubag sa mga pangandoy sa imong kasingkasing ug mohatag kanimo sa ginghariang dayon sa Langit.

Kasina ug Espirituhanon nga Pangandoy

Ang mga katawohan nagtoo sa Dios apan nagkasina tungod sila adunay diutay nga pagtoo ug gugma. Kung nagkulang ka sa gugma para sa Dios ug adunay diutay nga pagtoo sa gingharian sa langit, mahimo kang magkasina aron makakuha og bahandi, kabantog, ug gahum niining kalibutan. Kung ikaw adunay puno nga pasalig sa mga kinamatarung sa mga anak sa Dios ug ang pagkalungsoranon sa Langit, ang mga igsoon diha kang Kristo mas bilihon kaysa katong kalibutanon nga pamilya. Kini tungod kay ikaw nagtoo nga mabuhi ka kauban kanila sa kahangtoran sa Langit.

Bisan pa ang mga dili-tumuluo nga wala modawat kang Hesukristo bilihon ug sila mao ang atong kinahanglan nga dal-on sa langitnon nga gingharian. Sa ibabaw niining pagtoo, sa atong pagpa-ugmad sa tinuod nga gugma diha kanato, mahimo kanatong higugmaon ang atong mga silingan ingon sa atong kaugalingon. Unya, kung ang uban maayo ang pagkabutang, kita mangalipay ingon nga kita mao ang maayo ang pagkabutang. Ang katong adunay tinuod nga pagtoo dili mangita sa walay pulos nga mga butang sa kalibutan, apan sila magsulay nga magkugihan sa mga buluhaton sa Ginoo aron nga makuha ang langitnong gingharian pinaagi sa kusog. Kana mao nga, sila mag-angkon og espirituhanon nga mga pangandoy.

Sukad sa mga adlaw ni Juan nga Bautista hangtud karon, ang gingharian sa langit nakaagum na sa mga paglugos, ug kini ginaagaw sa mga manglolugos pinaagig kusog (Mateo 11:12).

Ang espirituhanon nga pangandoy tino nga lahi gikan sa kasina. Kini mahinungdanon nga mag-angkon og pangandoy aron nga magmadasigon ug magamatinumanon diha sa buluhaton sa Ginoo. Apan kung ang kanang pagbati motabuk sa linya ug mopahawa gikan sa kamatuoran o kung kini makaingon sa uban nga madagma, dili kini madawat. Samtang madilaabon sa atong buluhaton para sa Ginoo, kinahanglan kanatong magbantay para sa mga kinahanglanon sa mga katawohan sa atong palibot, pangitaon ang ilang benepisyo, ug maggukod sa kadait sa tanang tawo.

4. Ang Gugma Dili Tigpagawal

Adunay mga katawohan nga kanunay nga nagpagawal sa ilang mga kaugalingon. Sila wala manginlabot kung unsa ang mabati sa uban kung sila magpagawal. Gusto lang kanila nga ipakita kung unsay anaa kanila samtang nagtinguha nga ilhon sa uban. Si Jose nagpabawal mahitungod sa iyang damgo sa kaniadtong siya batan-on pa. Kini nakaingon sa iyang mga igsoon nga lalaki nga magdumot kaniya. Tungod kay siya gihigugma sa iyang amahan sa espesyal nga paagi, wala gayud siya nasayod sa kasingkasing sa iyang mga igsoon nga lalaki. Sa ulahi, siya gibaligya isip nga usa ka ulipon ngadto sa Ehipto ug mitagamtam sa daghang mga pagsulay aron nga sa ulahi mapa-ugmad ang espirituhanon nga gugma. Sa dili pa ang mga katawohan makapa-ugmad sa espirituhanon nga guma, mahimo kanilang malapas ang kalinaw pinaagi sa pagpadayag ug pagpataas sa ilang mga kaugalingon. Busa ang Dios nagsulti nga, "Ang gugma dili tigpagawal."

Sa sayon nga sinultian, ang pagpagawal mao ang pagpadayag ug pagpasikat sa kaugalingon. Ang mga katawohan sa kasagaran gustong mailhan kung sila nagbuhat o adunay usa ka butang nga mas maayo kaysa uban. Unsa man ang epekto sa ingon nga pagpagawal.

Panangilitan, ang pipila ka mga ginikanan magarbohon ug andakan sa ilang anak nga nagtuon og maayo. Unya, ang ubang katawohan mahimong maglipay kauban kanila, apan ang kadaghanan kanila mapasakitan ang ilang garbo ug maglain ang pamati mahitungod niini. Mahimo kanilang kasuk-an ang ilang anak nga walay rason. Bisan unsa pa kamaayo ang imong anak sa iyang pagtuon, kung aduna ka lang og bisan gamay nga kamaayo nga tagdon ang pamati sa uban, dili ka magpangandak sa imong anak sama niini. Gusto sab kanimong magtuon og maayo ang anak sa imong silingan, ug kung gibuhat kini kaniya, malipayon kang magdayeg kaniya.

Ang katong nagpangandak lagmit sab nga minos nga moila ug modayeg sa maayong binuhatan sa ubang katawohan. Sa usa ka paagi o sa uban lagmit silang magpaubos sa uban kay sila naghunahuna nga sila matabunan sa kadakuon nga ang uban mailhan. Kini usa lang ka paagi nga ang pagpagawal makaingon og kasamok. Ang paglihok sama niini, ang mapangandakon nga kasingkasing layo kaayo gikan sa tinuod nga gugma. Mahimo kang maghunahuna nga sa pagpadayag sa imong kaugalingon mailhan ka, apan kini nagpakalisud lang kanimo nga makadawat og sinsero nga pagtahod ug gugma. Imbes nga ang mga katawohan sa palibot kanimo maibog kanimo, kini magkuha lang og aligutgot ug kasina ngadto kanimo. *"Apan ang tinuod mao nga kamo nagapanghambog na hinoon sa inyong pagkaandakan; dautan ang tanang pagpangandak sa ingon"* (Santiago 4:16).

Ang Pagpagarbo sa Kinabuhi Naggikan sa Paghigugma sa Kalibutan

Nganong magpangandak man ang mga tawo sa ilang kaugalingon? Kini tungod sila adunay mapangandakon nga garbo sa kinabuhi diha sa sulod kanila. Ang mapangandakon nga garbo sa kinabuhi nagpasabot sa "ang kinaiya sa pagpadayag sa kaugalingon sumala sa kalipayan niining kalibutan." Kini naggikan sa gugma para sa kalibutan. Ang mga katawohan sa kasagaran magpangandak sa mga butang nga ilang gihunahuna nga mahinungdanon. Ang katong nahigugma sa kuwarta magpagawal mahitungod sa kuwarta nga aduna sila, ug ang katong naghunahuna nga importante ang gawasnon nga hitsura, magpagawal niini. Kana mao nga, ilang ibutang ang kuwarta, gawasnon nga hitsura, kabantog, o kagahum sa katilingban og una sa Dios.

Ang usa sa mga miyembro sa among iglesia adunay usa ka malamposon nga negosyo sa pagbaligya og mga kompyuter sa mga negosyante nga tipun-og sa Korea. Siya nakakuha og nagkalain-laing mga pag-utang ug namuhunan sa usa ka Internet café nga prangkisa ug pagsibya sa Internet. Siya mitukod og usa ka kompanya sa kapital nga duha ka bilyon nga won, kung hain gibanabana nga duha ka milyon ka dolyar sa US.

Apan ang pagbalik hinay ug ang kapildihan midaku hangtud sa ulahi nagpabangkaruta sa kompanya. Ang iyang balay gipasubasta, ug ang mga nagpa-utang naggukod kaniya. Kinahanglan kaniyang magpuyo sa usa ka gamay nga balay, sa silong sa mga balay, o sa ibabaw sa atop. Karon siya misugod og tan-aw og balik sa iyang kaugalingon. Iyang naamgohan nga siya nagpangandoy nga magpangandakan sa iyang kamalamposon ug siya nahakog sa kuwarta. Siya nakaamgo nga iyang gihatagan og kalisdanan ang mga katawohan sa iyang palibot kay siya nagpadaku sa iyang negosyo lapas sa iyang kaugalingong abilidad.

Sa iyang hingpit gayud nga pagbasol sa atubangan sa Dios sa tibuok kaniyang kasingkasing ug pagsalikway sa iyang kahakog, siya malipayon bisan aduna siyag trabaho nga pagpanglimpiyo sa agay-agayan sa hugaw ug sa mga septic nga tangke. Gihunahuna sa

Dios ang iyang sitwasyon ug gipakita kaniya ang usa ka paagi aron makasugod og usa ka bag-o nga negosyo. Karon, sa iyang paglakaw sa matarung nga dalan sa tanang panahon, ang iyang negosyo nagmauswagon.

Ang 1 Juan 2:15-16 nagsulti nga, *"Ayaw ninyog higugmaa ang kalibutan, ni ang mga butang diha sa kalibutan. Kon may nagahigugma sa kalibutan, ang gugma alang sa Amahan wala diha kaniya. Kay ang tanan nga anaa sa kalibutan, ang pangibog sa unod ug ang pangibog sa mga mata ug ang pagpagarbo sa kinabuhi, dili gikan sa Amahan kondili sa kalibutan."*

Si Ezequias, ang ikanapulog-tulo nga hari sa Habagat nga Juda, nahimong matarung sa pana-aw sa Dios ug siya sab nagpaputli sa Templo. Iyang nabuntog ang pagsulong sa Asiria pinaagig pagampo; sa kaniadtong siya nagsakit, siya miampo kauban ang paghilak ug midawat og 15-ka-tuig nga pagkanap sa iyang kinabuhi. Apan sa gihapon siya adunay pagpagarbo sa kinabuhi nga nahabilin diha kaniya. Pagkahuman kaniyag pagkamaayo gikan sa iyang sakit, gipadala sa Babilonia ang ilang mga dipomatiko.

Si Ezequias nalipay og pag-ayo sa pagdawat kanila ug gipakita kanila ang tanan kaniyang mga balay sa bahandi, ang pilak ug ang bulawan ug ang mga pahumot ug lana nga mahal ug ang iyang tibuok balay sa hinagiban ug ang tanan nga makita sa iyang mga bahandi. Tungod sa iyang pagpagawal, ang Habagat nga Juda gisulong sa Babilonia ug ang tanang bahandi gikuha (Isaias 39:1-6). Ang pagpangandak naggikan sa gugma sa kalibutan, ug kini nagkahulogan nga ang tawo walay gugma para sa Dios. Busa, aron nga mapa-ugmad ang tinuod nga gugma, kinahanglan sa usa ka tawo nga isalikway ang pagpagarbo sa kinabuhi gikan sa iyang kasingkasing.

Pagpagarbo Mahitungod sa Ginoo

Adunay usa ka klase sa pagpagarbo nga maayo. Kini mao ang pagpagarbo mahitungod sa Ginoo sumala sa gisulti sa 2 Mga Taga-Corinto 10:17, *"Siya nga magapasigarbo, pasigarboha siya mahitungod sa Ginoo."* Ang magpasigarbo mahitungod sa Ginoo mao ang paghatag og himaya sa Dios, busa ang mas kadaghan mas maayo. Ang usa ka maayo nga pananglit sa ingon nga pagpasigarbo mao ang 'pagpanghimatuod'.

Si Pablo miingon diha sa Mga Taga-Galacia 6:14, *"Apan pahalayo kanako ang pagpasigarbo, gawas sa krus sa atong Ginoong Hesukristo, nga pinaagi niini, bahin sa kalibutan, ako gikalansang na sa krus; ug bahin kanako, ang kalibutan gikalansang na sa krus."*

Sumala sa iyang gisulti, kita magpagarbo kang Hesukristo nga miluwas kanato ug mihatag kanato sa gingharian sa langit. Kita gitagana na ngadto sa kamatayong dayon tungod sa atong mga sala, apan salamat kang Hesus nga mibayad para sa atong sala sa krus, kita nakaangkon og kinabuhing dayon. Unsa kita ka mapasalamaton unta!

Tungod niining rasona ang apostol nga si Pablo nagpasigarbo mahitungod sa iyang kahuyang. Sa 2 Mga Taga-Corinto 12:9 kini nagsulti nga, *"Apan [ang GINOO] nag-ingon kanako, 'Ang akong grasya igo alang kanimo, kay ang akong gahum ginahingpit diha sa kahuyang.' Sa ingon niana, labi pang igakalipay ko diay hinoon ang pagpasigarbo tungod sa akong mga kahuyang, aron ang gahum ni Kristo magapandong kanako."*

Sa katinuoran, si Paul mibuhat og daghang mga ilhanan ug mga katingalahan ug ang mga katawohan midala pa gani og mga panyo ug mga bestidora nga mitandog kaniya ngadto sa may sakit ug sila nanga-ayo. Siya mibuhat og tulo ka misyonaryo nga mga pagbiyahe nga nagdala sa daghan kaayong mga katawohan sa Ginoo ug nagtanom og mga iglesia sa daghan kaayong mga siyudad. Apan siya nagsulti nga dili siya ang mibuhat niadtong tanan nga mga binuhatan. Siya nagpasigarbo lang nga kini mao ang grasya sa Dios ug sa gahum sa Ginoo nga mitugot kaniya nga mabuhat ang unsang iyang gibuhat.

Karong adlawa, daghang mga katawohan ang mihatag sa ilang mga panghimatuod sa pagtagbo og pagsinati sa buhing Dios sa ilang adlaw-adlaw nga mga kinabuhi. Sila naghatod sa gugma sa Dios nga nagsulti nga ilang nadawat ang pagpaayo sa mga sakit, mga pinansiyal nga panalangin, ug kadait sa pamilya sa ilang dakung tinguha sa pagpangita sa Dios ug gipakita ang mga buhat sa ilang gugma alang kaniya.

Sumala sa gisulti sa Mga Proberbio 8:17 kung hain mabasa nga, *"Ako nahagugma kanila nga nahagugma kanako; ug kadtong nagasingkamot sa pagpangita kanako, makakaplag kanako,"* sila mapasalamaton nga ilang nasinatian ang dakung gugma sa Dios ug nakakuha og daku nga pagtoo, kung hain nagkahulogan nga ilang gidawat ang espirituhanon nga mga panalangin. Ang ingon nga pagpagarbo mahitungod sa Ginoo naghatag og himaya sa Dios ug nagtanom og pagtoo ug kinabuhi sa mga kasingkasing sa mga katawohan. Sa pagbuhat niini sila nagtipig og mga balus sa Langit ug ang mga pangandoy sa ilang kasingkasing mas madali nga matubag.

Apan kinahanglan kanatong magbantay sa usa ka butang nganhi. Ang pipila ka mga katawohan magsulti nga sila naghatag og himaya sa Dios apan sila nagtinguha nga magbuhat sa ilang mga kaugalingon o kung unsa ang ilang gibuhat nga mahibaloan sa uban. Ilang dili direktang ipasabot nga sila nakadawat og mga panalangin tungod sa ilang kaugalingong mga paningkamot. Kini morag sila naghatag og himaya sa Dios, apan sa tinuod sila naghatag sa tanang kredito sa ilang mga kaugalingon. Si Satanas magadala sa sumbong batok sa ingon nga mga katawohan. Human sa tanan, ang salangpotan sa pagpagarbo sa ilang mga kaugalingon ipadayag; sila mahimong mangatubang sa nagkalainlaing mga klase sa mga pasulit ug mga pagsulay, o kung walay makaila kanila, sila mobiya lang sa Dios.

Ang Mga Taga-Roma 15:2 nagsulti nga, *"Ang matag-usa kanato kinahanglan magapahimuot sa iyang silingan alang sa kaayohan niini niya, aron sa paglig-on kaniya."* Sumala sa gisulti, kinahanglan kanatong kanunay nga magsulti sa pagpalig-on sa atong mga silingan ug magtanom og pagtoo ug kinabuhi diha kanila. Sama nga ang tubig gipaputli sa pag-agi sa salaan, kinahanglan kanatong adunay salaan para sa atong mga pulong una kita magsulti, nga naghunahuna mahitungod sa kung ang atong mga pulong magpalig-on ba o magpasakit sa mga pamati sa mga tigpaminaw.

Aron Masalikway ang Pagpagarbo sa Kinabuhi

Bisan pa aduna silag daghan kaayong mga butang nga ipagarbo, walay mabuhi sa kahangtoran. Human niining kinabuhi sa ibabaw niining yuta, ang tanan moadto sa Langit o sa Impiyeno. Sa Langit, bisan pa ang mga dalan nga atong tumban gibuhat sa bulawan, ug ang kabahandi ngadto dili makumpara sa kanang anaa niining kalibutanon. Kini nagkahulogan nga ang pagpagarbo niining kalibutan wala kaayo'g pulos. Usab, bisan pa ang usa anaay daghan kaayong bahandi, kabantog, kahibalo, ug gahum, mapagarbo ba kaniya ang kini kung siya moadto sa Impiyerno?

Si Hesus miingon, *"Kay unsa may kapuslanan alang sa usa ka tawo kon maangkon niya ang tibuok kalibutan nga pagapildihan sa iyang kinabuhi? O unsa may ikahatag sa tawo nga arang ikabawi niya sa iyang kinabuhi? Kay uban sa kahimayaan sa iyang Amahan, moanhi ang Anak sa Tawo uban sa iyang mga anghel, ug unya pagabalusan niya ang matag-usa sa tumbas sa iyang mga binuhatan"* (Mateo 16:26-27).

Ang pagpagarbo sa kalibutan dili gayud makahatag og kinabuhing dayon o katagbaw. Apan kini hinoon maghatag og pagtumaw sa walay pulos nga mga pangandoy ug magadala kanato sa kalaglagan. Sa atong pagka-amgo sa ingon nga katinuoran ug magpuno sa atong kasingkasing sa paglaum sa Langit, madawat kanato ang kalig-on sa pagsalikway sa pagpagarbo sa kinabuhi. Kini kaanggid sa usa ka bata nga sayon ra makabuhi sa iyang duwaan nga daan ug gamay ang bili kung iyang makuha ang usa ka bag-o nga duwaan. Kay nakahibalo kita mahitungod sa magilakong kaanyag sa langitnong gingharian, kita dili maghawid o makigbisog nga kuhaon ang mga butang niining kalibutan.

Sa dihang ato nang masalikway ang pagpagarbo sa kinabuhi, kita magpagarbo lang kang Hesukristo. Dili kanato mabati ang bisan unsang butang niining kalibutan nga takus nga ipangandak, apan hinoon, mabati lang kanato ang kagarbo sa himaya ng atong mapangalipayan sa kahangtoran sa langitnon nga gingharian. Unya, kita mapuno sa kalipay nga wala pa kanato mahibaloan sa una. Bisan pa kita mahimong mangatubang og pipila ka lisud nga mga higayon sa paglakaw sa atong mga kinabuhi, dili kanato mabati nga sila lisud kaayo. Kita magpasalamat lang alang sa gugma sa Dios nga mihatag sa iyang bugtong nga Anak nga si Hesus aron maluwas kita, ug busa kita mahimong mapuno sa kalipay sa tanang mga sirkumstansiya. Kung dili kanato pangitaon ang pagpagarbo sa kinabuhi, dili kanato mabati nga mialsa og pag-ayo kung kita makadawat og mga pagdayeg, o madiskurahi kung kita makadawat og mga pagbadlong. Kita mas mapainubsanong mag-usisa sa atong mga kaugalingon kung kita makadawat og mga pagdayeg, ug kita magpasalamat lang kung kita makadawat og mga pagbadlong ug sulayan nga mausab ang atong mga kaugalingon og samot.

5. Ang Gugma Dili Mapahitas-on

Ang katong nagpangandak mahitungod sa ilang mga kaugalingon dali ra mobati nga sila mas maayo kaysa uban ug mahimong mapahitas-on. Kung ang mga butang magmaayo diha kanila, ilang hunahunaon nga kini tungod kay sila nagbuhat og maayo nga trabaho ug mahimong mapahitas-on o tapulan. Ang Biblia nagsulti nga ang usa sa mga dautan nga pinakagikadumtan sa Dios mao ang pagkamapahitas-on. Ang Pagkamapahitas-on mao sab ang pangunang rason nganong gitukod sa mga katawohan ang Tore sa Babel aron makigkumpetensiya sa Dios, kung hain usa ka hitabo nga nagpabuhat sa Dios nga ihimulag ang mga lengguwahe.

Ang mga Kinaiya sa Mapahitas-on nga Katawohan

Ang usa ka mapahitas-on nga tawo naghunahuna sa uban nga dili maayo kaysa kaniya ug iyang tan-awon ang uban sa pagtamay o ibaliwala. Ang ingon nga tawo mobati nga mas labaw sa uban sa tanang mga aspeto. Iyang gihunahuna ang iyang kaugalingon nga pinakamaayo. Siya nagatamay, nagapaubos ug sulayan nga tudloan ang uban sa tanang mga butang. Dali ra kaniyang ipakita ang batasan nga pagkamapahitas-on ngadto sa katong morag kubos kaysa kaniya. Usahay siya, sa iyang hilabihan nga pagkamapahitas-on, dili magbali sa katong mitudlo og midala kaniya ug ang katong anaa sa taas nga posisyon kaniya sa negosyo o sa herarkiya sa katilingban. Siya dili gustong mamati sa mga tambag, pagbadlong ug pagsaway nga ihatag sa mga mas nakataas kaniya. Siya magreklamo nga naghunahuna nga, "Ang akong superyor nagsulti niana tungod lang kay wala siya nakahibalo kung unsa kini mahitungod," o magsulti nga, "Nakahibalo ko sa tanang butang ug mabuhat kini kanako og maayo kaayo."

Ang ingon nga tawo makaingon og daghang mga argumento ug mga panag-away sa uban. Ang Mga Proberio 13:10 nagsulti nga, *"Tungod sa pagkamapahitas-on modangat lamang ang panagkabingkil; Apan sa maayong tinambagan mao ang kaalam."*

Ang 2 Timoteo 2:23 nagsulti kanato nga, *"Ug likayi ang binoang ug binurong nga mga pakiglantugi, kamo nasayud nga kini ginikanan sa mga panag-away."* Mao kana nganong binoang kini kaayo ug sayop nga maghunahuna nga ikaw lang ang husto.

Ang matag tawo adunay nagkalain-laing mga tanlag ug nagkalain-laing kahibalo. Kini tungod kay ang matag indibiduwal nagkalain-lain sa kung unsa ang iyang nakita, nadungog, nasinatian ug unsa'y gitudlo kaniya. Apan ang kadaghanan sa matag kahibalo sa matag usa sayop, ug ang pipila niini wala tarung nga matipigan. Kung ang kanang kahibalo gipagahi diha kanato sa taas nga panahon, ang kinaugalingong-pagkamatarung ug mga tigbalayon maporma. Ang kinaugalingong-pagkamatarung mao ang ipugos ng ang ato lang mga opinyon ang husto, ug kung kini mogahi kini mahimong tigbalayon sa paghunahuna. Ang pipila ka mga katawohan magporma sa ilang mga tigbalayon gamit ang ilang personalidad o gamit ang kahibalo nga aduna sila.

Ang tigbalayon morag kalabera sa usa ka lawas sa tawo. Kini nagporma sa matag korte sa tawo, ug sa dihang kini mabuhat na, kini lisud na maputol. Kadaghanan sa mga hunahuna sa mga katawohan naggikan sa kinaugalingong-pagkamatarung ug mga tigbalayon. Ang usa ka tawo nga adunay ubos nga pamati sensitibo kaayo nga motubag kung ang uban magtudlo og pagsumbong diha kaniya. O, sumala sa usa ka sinultian, kung ang usa ka datu nga tawo magtarung sa iyang sinina, ang mga katawohan maghunahuna nga siya nagpangandak ug nagpasikat sa iyang bisti. Kung ang usa ka tawo maggamit sa pipila ka lisud nga lalom nga bokabularyo, ang mga katawohan maghunahuna nga siya nagpasikat sa iyang kahibalo ug nagpaubos kanila.

Ako nakatuon gikan sa akong manunudlo sa elementarya nga eskwelahan nga ang Estatwa sa Liberty anaa sa San Francisco. Tataw kanakong nahinumduman kung giunsa kaniya pagtudlo kanako gamit ang usa ka litrato ug mapa sa Estados Unidos. Sa sayo pa sa dekada 90, niadto ko sa Estados Unidos aron magpanguna sa usa ka united revival nga meeting. Mao kadto kung kanus-a kanako natun-an nga ang Estatwa sa Liberty sa tinuod makita sa Siyudad sa New York.

Para kanato ang Estatwa unta anaa sa San Francisco, busa wala ko kasabot nganong anaa kini sa Siyudad sa New York. Akong gipangutana ang mga katawohan sa palibot kanako ug sila miingon nga kini anaa tinuod sa New York. Akong naamgohan nga ang piraso nga kahibalo nga akong gituohan nga kamatuoran sa tinuod dili husto. Nianang panahona, akong sab gihunahuna nga ang unsang akong gituohan nga husto mahimong sayop, sab. Daghang mga katawohan ang nagtoo ug nagpugos sa mga butang nga dili husto.

Bisan pa nga sila sayop, ang katong mapahitas-on dili moako

niini apan padayon nga magpugos sa ilang mga opinyon, ug kini magadala sa mga panag-away. Apan ang katong mapainubsanon dili mangaway bisan pa nga sayop ang ubang tawo. Bisan pa nga sila 100% nga sigurado nga sila husto, ila sab gihapon hunahunaon nga sila sayop, kay sila walay tuyo nga modaog batok sa argumento sa uban.

Ang usa ka mapainubsanon nga kasingkasing adunay espirituhanon nga gugma nga naghunahuna nga ang uban mas maayo. Bisan pa nga ang uban kabus, gamay ra ang edukasyon, o adunay kabus nga gahum sa katilingban, kauban ang mapainubsanon nga pangisip atong hunahunaon ang uban nga mas maayo kaysa atong mga kaugalingon gikan sa atong kasingkasing. Atong maisip nga ang tanang mga kalag bilihon kaayo kay sila takus kaayo nga gipatulo ni Hesus ang Iyang dugo.

Unodnon nga Pagkamapahitas-on ug Espirituhanon nga Pagkamapahitas-on

Kung ang usa nagpakita sa ingon nga gawasnon nga mga lihok sa mga kabakakan sa pagpadayag sa iyang kaugalingon, pagpasikat sa iyang kaugalingon ug pagpaubos sa uban, sayon kaniyang maamgohan ang ingon nga pagkamapahitas-on. Sa atong pagdawat sa Ginoo ug masayod sa kamatuoran, kining mga kinaiya sa unodnon nga pagkamapahitas-on sayon ra masalikway. Sa sukwahi, dili kini sayon nga maamgohan ug isalikway ang espirituhanon nga pagkamapahitas-on sa usa ka tawo. Unsa man unya ang espirituhanon nga pagkamapahitas-on?

Sa imong pagsimba sa iglesia sa taas nga panahon, makatipig ka og daghang kahibalo sa Pulong sa Dios. Mahimo sab kang mahatagan og mga titulo o mga posisyon sa iglesia o pilion isip nga lideres. Unya mahimo kanimong mabati nga nakapa-ugmad ka na og gidaghanon nga kahibalo sa Pulong sa Dios diha sa imong kasingkasing nga igo ang kamahinungdanon aron maghunahuna nga, "daghan na ko kaayong natuman. Tingali husto ko sa kadaghanan nga mga butang!" Mahimo kang magbadlong, maghukom o magkondena sa uban gamit ang Pulong sa Dios nga gitipigan isip nga kahibalo, nga naghunahuna nga ikaw lang ang nakaaninag sa husto ug sayop sumala sa kamatuoran. Ang pipila ka mga lideres sa iglesia nagsunod sa ilang kaugalingong mga benepisyo ug magbali sa mga regulasyon ug mga kasugoan nga unta ilang pagabantayan. Piho silang naglapas sa mga kahusayan sa iglesia sa mga lihok, apan sila naghunahuna nga, "Para kanako kini OK ra kay ako anaa niining posisyon. Gawas ra ko niining kahusayan." Ang ingon nga tinuboy nga pangisip usa ka espirituhanon nga pagkamapahitas-on.

Kung atong ikompisal ang atong gugma para sa Dios samtang wala magtagad sa kasugan ug kahusay sa Dios kauban ang tinubog nga kasingkasing, ang pagkompisal dili tinuod. Kung atong hukman og kondenahon ang uban, dili kita maisip nga adunay tinuod nga gugma. Ang kamatuoran nagtudlo kanato nga magtan-aw, maminaw ug makighisgot mahitungod lang sa maayo nga mga butang sa uban.

Mga igsoon, ayaw na kamo paglinibakay batok sa usa ug usa. Siya nga magalibak ug igsoon o magahukom sa iyang igsoon, nagalibak batok sa kasugoan ug nagahukom sa kasugoan; apan kon imo mang hukman ang kasugoan, ikaw dili diay magtutuman sa kasugoan kondili maghuhukom niini. (Santiago 4:11).

Unsa man ang imong mabati kung imong mahibaloan ang mga kahuyang sa ubang katawohan?

Si Jack Kornfield, sa iyang libro nga *Ang Arte sa Kapasaylohan, Mahigugmaong-kalolot, ug Kalinaw (The Art of Forgiveness, Lovingkindness, and Peace)*, nagsulat mahitungod sa nagkalain-laing paagi sa pagpakig-angot gamit ang walay kabatid nga mga lihok.

"Sa Babemba nga tribo sa South Africa, kung ang usa ka tawo naglihok nga iresponsable o dili makiangayon, siya ibutang sa tunga sa balangay, nga usara ug wala higti. Ang tanang trabaho moundang, ug ang matag lalaki, babaye, ug bata sa balangay magtipon sa usa ka daku nga lingin palibot sa giakusahan nga indibiduwal. Unya ang matag tawo sa tribo magsulti ngadto sa giakusahan, usa usa, ang matag usa magpahinumdom sa maayo nga mga butang nga gibuhat nianang tawhana sa tunga sa lingin sa iyang kinabuhi. Ang matag hitabo, matag kasinatian nga mahimong mahinumdoman sa bisan unsang detalye ug katukma, giasoy. Ang tanang positibo nga mga kinaiya, maayong binuhatan, mga kalig-on, ug mga pagkamapuangoron gisaysay og pag-ayo ug sa gitas-on. Kining seremonya sa tribo kanunay nga magdugay sa pipila ka mga adlaw. Sa ulahi, ang tribuhanon nga lingin gub-on, usa ka malipayon nga selebrasyon ang mahitabo, ug ang tawo simboliko ug sa literal abi-abihon og balik ngadto sa tribo."

Pinaagi niining proseso, ang katong mga tawo nga nakabuhat og sayop mahiuli ang ilang kinaugalingong-pagtamod ug magdesisyon nga moamot sa ilang tribo. Salamat sa ingon nga talagsaon nga pagsulay, gisulti kini nga ang mga krimen halos dili mahitabo sa ilang katilingban.

Kung atong makita ang mga sayop sa mga katawohan, mahunahuna kanato kung kita ba maghukom ug magkondena kanila og una o kung ang atong maloloy-on ug maayohong kasingkasing mag-una niini. Kauban niining pagtakus, mahimo kanatong ma-eksamin kung unsa kadaku kanatong napa-ugmad ang pagpaubos ug gugma. Pinaagi sa kanunay nga pagsusi kanato sa atong mga kaugalingon, dili kita kinahanglan makontento sa kung unsa ang atong natuman na, kay tungod kita taas nga panahon na nga mga tumuluo.

Sa dili pa ang usa ka tawo hingpit nga mapabalaan, ang tanang tawo adunay kinaiyahan alang sa pagpatubo sa pagkamapahitason. Busa, mahinungdanon kini nga ibton ang mga gamot sa kinaiyahan sa pagkamapahitas-on. Kini mahimong mogawas og usab sa bisan unsang panahona kondili kini kanato bug-os nga ibton pinaagi sa madilaabon nga mga pag-ampo. Kini sama lang nga kung imong putlon ang mga sagbot, padayon sila nga magtubo kondili kanimo tibuok nga ibton ang gamot. Kana mao nga, kay ang makakasala nga kinaiyahan dili bug-os nga natangtang gikan sa atong kasingkasing, ang pagkamapahitas-on moanha sa hunahuna og usab sa atong pagdala sa usa ka kinabuhi sa pagtoo sa taas nga panahon. Busa, kinahanglan kanatong kanunay nga magpaubos sa atong mga kaugalingon sama sa mga anak sa atubangan sa Ginoo, hunahunaon ang uban nga mas maayo kaysa kanato, ug padayon nga makigbisog nga mapaugmad ang espirituhanon nga gugma.

Ang Mapahista-on nga Katawohan Nagtoo sa Ilang mga Kaugalingon

Si Nebuchadnezzar miabli sa bulawan nga era sa Dakung Babilonia. Usa sa mga ansiyano nga katingalahan, ang Nagbitay nga Hardin (Hanging Garden) gibuhat sa iyang panahon. Siya nagpagarbo nga ang tanan kaniyang gingharian ug ang mga buhat gibuhat sa iyang dakung kagahum. Mibuhat siya og usa ka estatwa sa iyang kaugalingon ug gipasimba ang mga katawohan niini. Ang Daniel 4:30 nagsulti nga, *"Ang hari misulti ug miingo, 'Dili ba kini mao ang dakung Babilonia, nga akong gitukod aron mahimong puloy-anan nga harianon, pinaagi sa kusog sa akong gahum ug alang sa dungog sa akong pagkahalangdon?'"*

Sa ulahi ang Dios nagpasabot kaniya kung kinsa ang tinuod nga magmamando sa kalibutan (Daniel 4:31-32). Siya gipagula sa palasyo, misibsib sa sagbot sama sa mga baka, ug nabuhi nga morag usa ka ihalas nga mananap sa awa-aw alang sa pito ka tuig. Unsa man ang kahulogan sa iyang trono nianang panahona? Dili kita makakuha og bisan unsang butang kung ang Dios dili magtugot niini. Si Nebuchadnezzar nahiuli sa normal nga estado sa pangisip pagkahuman sa pito ka tuig. Iyang naamgohan ang iyang pagkamapahitas-on ug miila sa Dios. Ang Daniel 4:37

mabasa nga, *"Karon ako, si Nebuchadnezzar, nagadayeg ug nagabayaw, ug nagapasidungog sa Hari sa langit, kay ang tanan Niyang mga buhat kamatuoran man ug ang iyang mga dalan tarung, ug mahimo Niya nga pagapaubson kadtong nagalakat sa pagpalabi-labi."*

Dili lang kini mahitungod kang Nebuchadnezzar. Ang pipila ka mga dili tumuluo sa kalibutan nagsulti nga, "Ako nagtoo sa akong kaugalingon." Apan ang kalibutan dili sayon para kanila nga mabuntog. Adunay daghang mga problema sa kalibutan nga dili masulbad gamit ang mga abilidad sa tawo. Bisan pa ang pinakamaayo nga nanguna nga siyentipiko nga kahibalo ug teknolohiya walay pulos sa atubangan sa natural nga mga kalamidad apil ang mga bagyo ug mga linog ug ubang wala gihaum nga mga katalagman.

Ug unsa man kadaghang mga klase sa mga sakit ang dili maayo bisan pa sa moderno nga mga medisina? Apan daghang mga katawohan ang nagsalig sa ilang mga kaugalingon kaysa hinoon sa Dios kung sila magtagbo og nagkadaiya nga mga problema. Sila nagsalig sa ilang kaugalingong mga hunahuna, mga kasinatian ug kahibalo. Apan kung sila dili pa malamposon ug sa gihapon mangatubang sa mga problema, sila magbagulbol batok sa Dios bisan pa sa ilang walay pagtoo sa Dios. Kini tungod sa pagkamapahitas-on nga nagpuyo diha sa ilang mga kasingkasing. Tungod nianang pagkamapahitas-on, dili kanila makompisal ang ilang kahuyang ug mapakyas nga magpaubos sa pag-ila sa Dios.

Unsang mas makaluluoy mao nga ang pipila ka mga tumuluo sa Dios nagsalig sa kalibutan kaysa hinoon sa Dios. Gusto sa Dios ang iyang mga anak nga mag-uswag ug mabuhi sa Iyang katabang. Apan kung dili ka andam nga ipaubos ang imong kaugalingon sa atubangan sa Dios sa imong pagkamapahitas-on, ang Dios dili makatabang kanimo. Unya, dili ka mapanalipdan gikan sa kaaway nga yawa o magmainuswagon sa imong mga paagi. Sama sa gisulti sa Dios sa Mga Proberio 18:12, *"Sa dili pa ang pagkalaglag mapahitas-on ang kasingkasing sa tawo, ug sa dili pa ang kadungganan magauna ang pagkamapainubsanon,"* ang butang nga nakaingon sa imong mga kapakyas ug mga kalaglalagan walay uban apan ang imong pagkamahitas-on.

Giisip sa Dios ang mapahitas-on nga buang-buang. Kumpara sa Dios nga nagbuhat og trono sa Langit ug usa ka tumbanan sa tiil nga yuta, unsa man kagamay ang presensiya sa tawo? Ang tanang tawo gibuhat sa imahe sa Dios ug kitang tanan patas isip nga mga anak sa Dios bisan pa nga taas o mubo nga posisyon. Bisan unsa kadaghang butang nga tingali kita nagpangadakan sa kalibutan, ang kinabuhi niining kalibutan kadiyot lang kaayo. Inig katapos kita ituboy sa Langit sumala sa kung unsa ang atong gibuhat sa pagkamainubsanon niining yuta. Kini tungod kay ang Ginoo magatuboy kanato sumala sa gisulti sa Santiago 4:10 nga, *"Ipahiubos ninyo ang inyong kaugalingon sa atubangan sa Ginoo, ug Siya magatuboy kaninyo."*

Mga Kinaiya sa Espirituhanon nga Gugma I	1. Kini Mapailubon
	2. Kini Mapuangoron
	3. Kini dili Masinahon
	4. Kini dili Tigpagawal
	5. Kini di Mapahitas-on

Kung ang tubig magpabilin sa usa ka gamay nga lim-aw, kini mabiaw ug madunot ug mapuno sa mga ulod. Apan kung ang tubig walay undang nga mag-agay paubos sa bungtod, kini sa ulahi moabot sa dagat ug maghatag og kinabuhi sa daghan kaayong mga butang. Sa samang paagi, atong paubson ang atong mga kaugalingon aron nga kita mahimong maong daku sa pananaw sa Dios.

6. Ang Gugma Dili-Bastos

Ang 'Pamatasan' o 'Kukaikog' mao ang katilingbanon nga husto nga paagi sa paglihok, kung hain mao ang mahitungod sa mga batasan ug mga gawi sa mga katawohan ngadto sa uban. Ang mga klase sa kultural nga kukaikog adunay halapad nga kadaiya sa mga porma sa atong adlaw-adlaw nga mga kinabuhi ingon sa kukaikog sa atong mga pakighisgot, sa pagkaon, o gawi sa publiko ingon sa mga sinehan.

Ang tarung nga mga pamatasan mahinungdanon nga bahin sa atong mga kinabuhi. Ang katilingbanon nga madawat nga mga gawi nga angay para sa matag dapit ug okasyon sa kasagaran magbuhat og paborable nga mga impresyon sa uban. Sa sukwahi, kung dili kita magpakita og tarung nga mga gawi ug kung dili kanato tagdon ang sukaranon nga kukaikog, busa kini mahimong makaingon og dili pagkakomportable sa mga katawohan sa palibot kanato. Dugang pa, kung magsulti kita nga gihigugma kanato ang usa ka tawo apan maglihok og binastos nianang tawhana, lisud kini para sa nianang tawhana nga magtoo nga tinuod kitang nahigugma kaniya.

Ang Merriam-Webster's Online nga Diksiyonaryo nagpasabot sa 'binastos' isip nga 'dili uyon sa mga sukdanan nga angay sa posisyon sa usa ka tawo o kondisyon sa kinabuhi.' Nganhi sab adunay daghang mga klase sa kultural nga kukaikog nga mga sukdanan sa atong adlaw-adlaw nga mga kinabuhi ingon sa mga pangumusta o mga pakighisgot. Sa atong katingala, daghang mga katawohan ang wala makahibalo nga sila milihok og malaw-ay bisan pa pagkahuman kanilag lihok og binastos. Sa partikular, mas sayon kini para kanato nga maglihok og malaw-ay ngadto sa mga tawo nga duol kanato. Kini tungod kay kung mabati kanato ang pagkakomportable sa pipila ka mga katawohan, lagmit kitang maglihok og binastos o walay tarung nga kukaikog.

Apan kung kita adunay tinuod nga gugma, dili gayud kita maglihok og malaw-ay. Konuhay aduna ka'y bilihon ug maanyag nga mutya. Unya, kini ba imong alimahon og walay pagtagad? Ikaw mabinantayon kaayo og maandamon sa paggunit niini aron dili mabuak, madaut o mawala kini. Sa samang paagi, kung tinuod nga imong gihigugma ang usa ka tawo, unsa ka bilihon kaha kanimo siya alimahon?

Adunay duha ka mga sitwasyon sa paglihok og malaw-ay: binastos sa atubangan sa Dios ug binastos sa tawo.

Paglihok og Malaw-ay Ngadto sa Dios

Bisan pa sa katong apil sa nagtoo sa Dios ug magsulti nga ilang gihigugma ang Dios, kung atong makita ang ilang mga buhat ug madunggan ang ilang mga pulong adunay daghan nga layo ra kaayo sa paghigugma sa Dios. Pananglitan, ang pagduka atol sa mga pag-alagad mao ang usa sa panguna nga binastos sa atubangan sa Dios.

Ang pagduka atol sa pagsimba nga pag-alagad sama sa pagduka sa atubangan sa presensiya sa Dios sa Iyang kaugalingon. Kini bastos kaayo nga makatulog sa atubangan sa presidente sa usa ka nasud o sa CEO sa kompanya. Nan, unsa kaha ka mas labi ka malaw-ay nga makatulog sa atubangan sa Dios? Kini kaduhaduhaan nga magpadayon ka nga magkompisal nga ikaw sa gihapon nahigugma sa Dios. O, kunohay nagtagbo ka sa imong hinigugma ug ikaw nagsige og katulog sa atubangan nianang tawhana. Nan, unsa man kanato pagsulti nga ikaw tinuod nga nahigugma nianang tawhana?

Usab, kung ikaw adunay personal nga mga pakighisgot sa mga katawohan sa imong tapad atol sa pagsimba nga mga pag-alagad o kung ikaw magdagaw, kini sab paglihok og malaw-ay. Ang gawi nga sama niini usa ka indikasyon nga ang magsisimba nagkulang sa balaan nga pagtahud ug gugma para sa Dios.

Ang ingon nga mga gawi mag-apekto sab sa magwawali. Kunohay adunay usa ka tumuluo nga nakig-istorya sa usa ka tawo sa tapad kaniya, o siya adunay walay pulos nga mga hunahuna o nagduka. Nan, ang magwawali mahimong maghunahuna kung ang mensahe dili igo nga maparaygon. Mahimo kaniyang mawala ang inspirasyon sa Espiritu Santo, aron nga mahimong dili siya makawali sa kapuno sa Espiritu. Kining tanan nga mga lihok sa ulahi makaingon ug mga disbentaha sa ubang magsisimba, sab.

Kini sama sa pagbiya sa sangtuwaryo sa tunga-tunga sa pag-alagad. Lagi, adunay pipila ka mga boluntaryo nga kinahanglan mogawas para sa ilang mga katungdanan aron motabang sa pagsimba nga mga pag-alagad. Apan, gawas sa espesyal gayud nga mga kaso, kini tarung nga molihok lang pagkahuman nga makumpleto ang pag-alagad. Ang pipila ka mga katawohan maghunahuna nga, "Maminaw lang ta sa mensahe," ug mobiya una pa mahuman ang pag-alagad, apan kini mao ang paglihok og malaw-ay.

Ang pagsimba nga pag-alagad karong adlawa makumpara nga

parehos sa sinunog nga paghalad sa Daang Kasabotan. Sa ilang paghatag og sinunog nga mga paghalad, kinahanglan kanilang putlon ang mga mananap ngadto sa mga piraso ug unya ilang sunugon ang tanang mga parte (Levitico 1:9).

Kini, sa karon nga diwa, nagkahulogan nga kinahanglan kanatong maghalad og usa ka tarung ug tibuok nga pag-alagad gikan sa sinugdanan ngadto sa katapusan sumala sa tino nga tinakda nga mga pormalidad ug mga han-ay. Kinahanglan kanatong sundon ang matag han-ay sa kahikayan sa pagsimba nga pag-alagad sa tanan kanatong kasingkasing, sinugdanan sa hilom nga pag-ampo, hangtud sa pagkahuman kanato sa benideksiyon o ang Pag-ampo sa Ginoo (Lord's Prayer). Kung kita mokanta og mga pagdayeg o pag-ampo, o bisan pa atol sa panahon sa paghalad ug pahibalo, kinahanglan kanatong ihatag ang atong tanang kasingkasing. Gawas pa sa opisyal nga pagsimba nga mga serbisyo, sa bisan unsang klase sa pag-ampo nga panagtagbo, pagdayeg ug pagsimba nga pag-alagad, o sa selda nga pagsimba nga mga pag-alagad, kinahanglan kanatong ihalad kini sa tanan kanatong kasingkasing.

Sa pagsimba sa Dios sa tanan kanatong kasingkasing, una sa tanan, dili kita kinahanglan maatrasar sa pag-alagad. Dili kini tarung nga maatrasar sa mga panagtagbo sa ubang mga katawohan, ug unsa kini ka malaw-ay nga maatrasar sa usa ka panagtagbo sa atubangan sa Dios? Ang Dios kanunay nga naghulat sa dapit sa pagsimba aron dawaton ang atong pagsimba.

Busa, kinahanglan dili lang kita moadto sa kanang hapit na magsugod ang pag-alagad. Kini tarung nga pamatasan nga moadto og sayo pa ug mag-ampo sa paghinulsol ug mag-andam sa pag-alagad. Dugang pa, ang paggamit og mga cellphone atol sa pagsimba nga pag-alagad, ang pagbiya sa mga gagmay nga mga anak nga magdagan-dagan ug magdula sa palibot sa pagsimba nga pag-alagad mao ang paglihok og malaw-ay. Ang pag-usap og gum o pagkaon atol sa pagsimba nga pag-alagad anaa sa kategorya sa paglihok og malaw-ay.

Ang personal nga hitsura nga aduna ka para sa pagsimba mahinungdanon sab. Sa kasagaran, dili kini tarung nga moadto sa iglesia nga nagsul-ob ong mga bisti sa balay o bisti nga tinuyo paa sa trabaho. Kini tungod kay ang pamisti mao ang usa ka paagi sa pagpahayag sa atong pagyukbo ug pagtahud sa usa ka tawo. Ang mga anak sa Dios nga tinuod nga nagtoo sa Dios nakahibalo kung unsa bilihon ang Dios. Busa, kung sila moadto para magsimba Kaniya, sila moadto sa pinakalimpiyo nga bisti nga aduna sila.

Lagi, adunay mga kagawasan. Para sa Miyerkules nga pag-alagad o para sa Biyernes nga Tibuok-gabii nga Pag-alagad, daghang mga tawo ang moadto direkta gikan sa ilang mga trabahoan. Sa ilang pagdali aron makaabot sa eksaktong oras, mahimo silang moadto sa ilang mga bisti nga pangtrabaho. Niining klase sa kaso, ang Dios dili magsulti nga sila naglihok og binastos apan Siya magalipay hinoon kay Siya nagadawat sa kahumot sa kasingkasing gikan kanila sa ilang pagsulay nga moadto sa eksaktong oras ngadto sa pagsimba nga pag-alagad bisan pa nga sila sako sa ilang trabaho.

Ang Dios gustong mag-angkon og mahigugmaon nga pakig-ambitay kauban kanato pinaagi sa pagsimba nga mga pag-alagad ug mga pag-ampo. Kini mga katungdanan nga kinahanglan buhaton sa mga anak sa Dios. Hilabi na, nga ang pag-ampo usa ka pakig-istorya sa Dios. Usahay, samtang ang uban nag-ampo, ang usa mahimong mopikpik kanila aron nga paundangon sa ilang pag-ampo kay adunay usa ka emerhensiya.

Kini sama sa pagpahunong sa ubang mga katawohan kung sila nakighinabi sa mga mas nakataas kanila. Usab, kung ikaw mag-ampo, kung imong abrihan ang imong mga mata ug moundang og pag-ampo dayon kay tungod adunay nagtawag kanimo, kini sab usa ka lihok nga malaw-ay, Niining kasoha, kinahanglan kanimong humanon ang pag-ampo usa, ug unya magtubag.

Kung atong ihalad ang atong pagsimba ug pag-ampo sa espiritu ug sa kamatuoran, ang Dios magabalik kanato sa mga panalangin ug mga balus. Siya mas madali nga magatubag sa atong mga –pag-ampo. Kini tungod kay Siya nagadawat sa kahumot sa atong kasingkasing kauban ang kalipay. Apan kung kita magtpok og malaw-ay nga mga lihok alang sa usa ka tuig, ug sa ingon, kini maghimog usa ka paril sa sala batok sa Dios. Bisan taliwala sa usa ka bana og usa ka asawa o taliwala sa mga ginikanan ug mga anak, kung ang relasyon nga walay gugma magpadayon, magkaaduna og daghang mga problema. Kini sama sa Dios. Kung kita mitukod ug usa ka paril taliwala kanato ug sa Dios, dili kita mapanalipdan gikan sa mga sakit o mga aksidente, ug mahimo kitang mangatubang og nagkadaiyang mga problema. Mahimo kanatong dili madawat ang mga tubag sa atong mga pag-ampo, bisan pa kung kita mag-ampo sa taas nga panahon. Apan kung kita mag-angkon og tarung nga mga pamatasan sa pagsimba ug pag-ampo, mahimo kitang makasulbad sa daghang mga klase sa mga problema.

Ang Iglesia mao ang Balaan nga Balay sa Dios

Ang iglesia usa ka dapit kung asa ang Dios nagpuyo. Ang Mga Salmo 11:4 nagsulti nga, *"Ang GINOO anaa sa Iyang templo nga balaan; ang GINOO, ang iyang trono atua sa langit."*

Sa mga panahon sa Daang Kasabotan, dili lang ang bisan kinsa ang makaadto sa balaan nga dapit. Ang mga saserdote lang ang makasulod. Kausa lang sa usa ka tuig ug ang labawng saserdote lang ang makasulod sa Balaan sa mga Balaan sulod sa Balaan nga Dapit. Apan karong adlawa, pinaagi sa grasya sa Ginoo, ang bisan kinsa mahimong makasulod sa sangtuwaryo ug magsimba Kaniya. Kini tungod kay si Hesus milukat kanato gikan sa atong mga sala sa Iyang dugo, sumala sa gisulti sa Mga Hebreohanon 10:19, *"Mga igsoon, sanglit may pagsalig man kita sa pagsulod sa Dapit nga Balaan pinaagi sa dugo ni Hesus."*

Ang sangtuwaryo wala lang nagkahulogan nga mao ang dapit kung asa kita nagsimba. Kini anaa sa matag espasyo sulod sa mga utlanan nga nagsakup sa iglesia, apil ang nataran ug tanang ubang mga pasilidad. Busa, asa man kita dapit sa iglesia, kinahanglan magmaandamon kita mahitungod sa bisan unsa ka gamay nga pulong o lihok. Kita dili kinahanglan nga masuko ug mag-away, o mag-istorya mahitungod sa kalibutanon nga mga kalingawan o mga negosyo sa sangtuwaryo. Kini sama sa walay pagtagad sa paggunit sa balaan nga mga butang sa Dios sa iglesia o sa pagdaut, pagbuak, o pag-usik kanila.

Hilabi na, ang pagpalit o pagbaligya sa bisan unsang butang sa iglesia dili madawat. Karong adlawa, kauban ang paglambo sa Internet nga pamalit, ang pipila ka mga tawo mobayad sa kung unsa ang ilang paliton sa Internet sa iglesia ug dawaton ang butang sa iglesia. Kini tino nga usa ka transaksiyon sa negosyo. Kinahanglan kanatong hunahunaon nga gipanumba ni Hesus ang mga lamesa sa mga namaylo og kuwarta ug giabog ang katong namaligya og mga mananap para sa mga sakripisyo. Wala gidawat ni Hesus bisan pa ang mga mananap nga gituyo para sa mga pagsakripisyo nga ibaligya sa Templo. Busa, kinahanglan dili kita mamalit ug mamaligya sa bisan unsang butang sa iglesia para sa personal nga kinahanglanon. Kini sama sa pagbuhat og usa ka bazaar sa nataran sa iglesia.

Ang tanang mga dapit sa iglesia unta gigahin aron sa pagsimba sa Dios ug magbuhat og pakig-ambitay kauban sa mga igsoon sa Ginoo. Kung kita mag-ampo ug kanunay nga adunay mga panagtagbo sa iglesia, kita kinahanglan magmainamdamon nga dili mahimong matuphanon sa pagkabalaan sa iglesia. Kung atong gihigugma ang iglesia, dili kita mahimong malaw-ay sulod sa iglesia, sumala sa gisulat sa Mga Salmo 84:10, *"Kay ang usa ka adlaw sa Imong mga sawang labi pang maayo kay sa usa ka libo nga sa gawas kanila. Palabihon ko ang pagkamagbalantay sa pultahan sa balay sa akong Dios kaysa pagpuyo sa mga balong-balong sa mga kadautan."*

Paglihok og Malaw-ay Ngadto sa mga Katawohan

Ang Biblia nagsulti nga siya nga wala nahigugma sa iyang igsoon dili bisan pa makahigugma sa Dios. Kung kita molihok og malaw-ay ngadto sa ubang mga katawohan nga makita, unsaon man kanato pagbuhat sa atong labing pagtahod sa Dios nga dili makita?

"Kon adunay magaingon, 'Ako nagahigugma sa Dios,' apan nagadumot sa iyang igsoon, nan, kini siya bakakon; kay siya nga wala maghigugma sa iyang igsoon nga iya rang makita, dili gayud makahimo sa paghigugma sa Dios nga wala niya makita" (1 Juan 4:20).

Hunahunaon kanato ang sagad nga malaw-ay nga mga lihok sa atong adlaw-adlaw nga mga kinabuhi, kung hain dali ra kanato mapakyas nga mamatikdan. Sa kasagaran, kung kita mangita sa atong kaugalingong benepisyo nga dili maghunahuna sa mga posisyon sa uban, daghang mga lihok nga binastos ang mabuhat. Pananglitan, kung kita mag-istorya sa telepono, aduna sab kitag pamatasan nga tumanon. Kung kita magtawag sa gabii na kaayo o sa kagab-ihon o mag-istorya sa telepono sa taas nga panahon sa tawo nga sako kaayo, kini makaingon og kadaut kaniya. Ang maatrasar para sa mga pakigkita o wala haoma nga pagbisita sa balay sa usa ka tawo o moabot nga wala magpahibalo mao ang mga pananglit sa walay katahoran sab.

Ang usa mahimong maghunahuna nga, "Kami suod kaayo ug dili ba kini morag sobra ra ka pormal nga maghunahuna mahitungod atong tanang mga butanga taliwala kanamo?" Mahimo aduna kamog maayo kaayo nga relasyon aron nga masayran ang tanang mga butang mahitungod anang tawhana. Apan kini lisud sa gihapon nga masayod sa kasingkasing anang tawhana og 100%. Mahimo kanatong mahunahuna nga kita nagpadayag sa atong panaghigalaay nianang tawhana, apan mahimo siyang maghunahuna og lain. Busa, kinahanglan sulayan kanato gikan sa punto sa panan-aw nianang tawhana. Kinahanglan kitang hilabi nga mag-andam nga dili molihok og walay pagtahud ngadto sa usa ka tawo kung siya suod kaayo ug komportable diha kanato.

Daghang mga higayon mahimo kitang magsultig walay pagtagad nga mga pulong o maglihok nga walay pagtagad nga masakitan sa mga pamati o makapasakit atong mga katawohan nga pinakasuod kanato. Kita maglihok og kabastos sa mga miyembro sa pamilya o sa suod kaayo nga mga higala niining paagi, ug sa ulahi ang mga relasyon mahimong madaut ug mahimong maot kaayo. Usab, ang pipila ka mga tigulang nga katawohan magtagad sa mga katawohan nga mas bata ang edad o ang katong anaa sa ubos nga mga posisyon og malaw-ay. Sila magsulti nga walay pagtahud, o sila anaay mamandoon nga mga kinaiya nga mahimong makapabati sa uban og dili komportable.

Apan karong adlawa, lisud kini nga mangita sa mga katawohan nga tibuok-kasingkasing nga nagsilbi sa ilang mga ginikanan, mga manunudlo, ug mga tigulang nga mga katawohan, kung kinsa kinahanglan kanatong tataw nga silbihan. Ang pipila mahimong magsulti nga ang mga sitwasyon nausab na, apan adunay usa ka butang nga dili gayud mausab. Ang Levitico 19:32 nagsulti nga, *"Sa atubangan sa ulo nga ubanon magtindog ka, ug pagatahuron mo ang nawong sa tawo nga tigulang, ug kahadlokan mo ang Dios; ako mao ang GINOO."*

Ang kabubut-on sa Dios para kanato mao nga buhaton ang atong tibuok nga katungdanan bisan pa diha sa mga tawo. Ang mga anak sa Dios kinahanglan sab nga magtuman sa kasugoan ug kahusayan niining kalibutan nga dili maglihok og malaw-ay.

Pananglitan, kung kita makaingon og kagubot sa usa ka publiko nga dapit, mangluwa sa dalan, o makalapas og mga balaod sa trapiko, kini paglihok og malaw-ay ngadto sa daghang mga katawohan. Kita mga Kristohanon nga unta kahayag ug asin sa kalibutan, ug busa kita kinahanglan nga maandamon kaayo sa atong mga pulong, mga lihok ug mga gawi.

Ang Kasugoan sa Gugma Mao ang Kinalabwang Sukdanan

Kadaghanan sa mga katawohan naggahin sa kadaghanan kanilang panahon kauban ang mga katawohan, nagpanagtagbo ug nakighinabi kanila, nagkaon uban kanila, ug nagtrabaho uban kanila. Ngadto sa gidak-on nga, adunay daghang mga klase sa kultural nga pamatasan sa atong adlaw-adlaw nga mga kinabuhi. Apan ang tanang tawo adunay nagkalain-laing gitas-on sa edukasyon, ug ang mga kultura nagkalain-lain sa nagkalain-laing mga nasud ug apil sa nagkalain-laing mga rasa. Unya, unsa man ang kinahanglan nga sukdanan sa atong mga pamatasan?

Sa kasugoan sa gugma nga anaa diha sa atong kasingkasing. Ang kasugoan sa gugma nagpasabot sa kasugoan sa Dios nga mao ang gugma mismo sa iyang kaugalingon. Kana mao nga, sa gidak-on nga atong maimprenta ang Pulong sa Dios diha sa atong kasingkasing ug buhaton kini, maangkon kanato ang mga kinaiya sa Ginoo ug dili molihok og malaw-ay. Ang usa pa ka kahulogan sa kasugoan sa gugma mao ang 'konsiderasyon'.

Ang usa ka tawo naglakaw sa dalan sa usa ka madulom nga gabii nga naggunit og lampara. Usa pa ka tawo ang naglakaw gikan sa pikas nga direksiyon, ug sa iyang pagkakita niining tawhana nga adunay lampara, iyang namatikdan nga siya usa ka bulag. Busa siya nangutana nganong nagbibit man siya og lampara bisan dili siya makakita. Unya siya miingon nga, "Kini aron nga dili ka magbangga kanako. Kining lampara para kanimo." Atong maamgo ang usa ka butang mahitungod sa konsiderasyon niining istorya.

Konsiderasyon sa uban, bisan pa kini morag gamay ra, adunay dakung gahum nga mairog ang mga kasingksing sa mga katawohan. Ang malaw-ay nga mga lihok naggikan sa walay konsiderasyon sa uban, kung hain nagkahulogan nga adunay kakulang sa gugma. Kung tinuod nga nahigugma kita sa uban, kanunay kitang magmahunahunaon kanila ug dili maglihok og malaw-ay.

Sa agrikultura kung sobra kadaghan ang gibuhat nga pagkuha sa lupig nga mga bunga gikan sa tanang mga bunga, ang mga bunga nga gipatubo magkuha sa tanang mga sustansiyang mahimong makuha, busa sila mag-angkon og baga nga mga panit ug ang ilang lami dili sab magmaayo. Kung kita dili magmahunahunaon sa uban, sa kadali mahimo kanatong mapangalipayan ang tanang mga butang nga mahimong makuha, apan kita mahimo lang walay lami ug baga ang panit nga mga katawohan sama sa mga bunga nga nasobrahan-sa-sustansiya.

Busa, sama sa gisulti sa Mga Taga-Colosas 3:23, *"Bisan unsa ang inyong pagabuhaton, buhata kini sa kinasingkasing nga ingon sa nagaalagad kamo sa Ginoo ug dili sa tawo,"* kinahanglan kanatong magsilbi sa tanang tawo sa pinakadakung pagtahud sama sa paagi nga kita nagsilbi sa Ginoo.

7. Ang Gugma Dili Maakop-akopon

Niining modernong kalibutan, dili lisud mangita og kahakog. Ang mga katawohan nagpangita sa ilang kaugalingong benepisyo ug dili ang kamaayo sa publiko. Sa pipila ka mga nasud sila nagbutang og makadaut nga mga kemikal sa gipulbos nga gatas nga gituyo para sa mga bata. Ang pipila ka mga katawohan nakaingon og daku nga kadaut sa ilang kaugalingong nasud pinaagi sa pagkawat sa teknolohiya nga mahinungdanon kaayo para sa nasud.

Tungod sa 'wala sa akong nataran sa likod' ang problema, lisud kini para sa mga gobyerno nga magtukod og mga pasilidad sa publiko ingon sa mga lubnganan sa basura nga yuta (land fill) o pampubliko nga mga ugdawan sa patay (crematorium). Ang mga katawohan wala magtagad mahitungod sa kamaayohan sa ubang katawohan apan para lang sa ilang kaugalingong kamaayo. Bisan pa dili kagrabe ingon sa niining mga kasoha, mahimo sab kitang makakita og daghang hakog nga mga lihok sa atong adlaw-adlaw nga mga kinabuhi.

Pananglitan, ang pipila ka mga kauban sa trabaho o mga higala mogawas og uban nga magkaon. Kinahanglan kanilang magpili kung unsa ang ilang kan-on, ug ang usa kanila nagpugos sa kung unsa ang iyang gustong kan-on. Ang usa pa ka tawo nagsunod sa kung unsang gusto niining tawhana, apan siya dili komportable niini sa sulod. Sa gihapon ang uban nga tawo kanunay nga mangutana sa opinyon sa usa og una. Unya, bisan pa kung nagustuhan ba kaniya ang klase sa pagkaon nga gipili sa uban, siya kanunay nga malipayon nga mokaon. Asang kategorya man ka nahisakop?

Usa ka grupo sa mga katawohan ang nagbuhat og usa ka panagtagbo aron nga mag-andam sa usa ka kalihokan. Aduna silag nagkadaiya nga mga opinyon nga mahimong makuha. Ang usa ka tawo nagsulay nga magdani sa uban hangtud nga ang ubang mga katawohan mosugot kaniya. Ang usa pa ka tawo wala magpugos sa iyang opinyon og maayo, apan kung dili kaniya gusto ang opinyon sa usa siya magpakita og pagdumuli, apan modawat.

Sa gihapon ang usa ka tawo maminaw sa uban kung sila maghatag sa ilang mga opinyon. Ug, bisan pa kung ang ilang ideya lahi gikan sa iyaha, siya magsulay nga sundon kini. Ang ingon nga kalahian naggikan sa gidaghanon sa gugma nga aduna ang matag usa sa iyang kasingkasing.

Kung adunay panagbangi sa mga opinyon nga magapadulong sa mga panag-away o mga argumento, kini tungod kay ang mga katawohan nagmaakop-akopon, nga nagpugos sa ilang kaugalingong mga opinyon lang. Kung ang mag-atiyon magpugos lang sa ilang kinaugalingong mga opinyon, sila kanunay nga mag-angkon og panagsangka ug dili sila makasayod sa usag usa. Sila mahimong mag-angkon og kalinaw kung sila magtugyan nga masayran ang usag usa, apan ang kalinaw makanunay nga mabali kay ang matag usa kanila magpugos sa ilang kaugalingong mga opinyon.

Kung gihigugma kanato ang usa ka tawo, kita mag-atiman nianang tawhana og labi kaysa atong mga kaugalingon. Atong hunahunaon ang gugma sa mga ginikanan. Ang kadaghanan sa mga ginikanan maghunahuna sa ilang mga anak og una kaysa maghunahuna sa ilang mga kaugalingon. Busa, ang mga inahan mas gustong madungog nga, "Ang imong anak guwapa kaayo," kaysa "Guwapa ka."

Kaysa hinoon sila sa ilang mga kaugalingon ang magkaon og lami nga pagkaon, sila mas malipayon kung ang ilang mga anak magkaon og maayo. Kaysa hinoon sila sa ilang mga kaugalingon ang magsul-ob sa maayo nga mga bisti, sila mas malipayon nga bistihan ang ilang mga anak og maayo nga mga bisti. Usab, gusto kanila nga ang ilang mga anak mas maalam kaysa kanila. Gusto kanilang ang ilang mga anak ilhon ug higugmaon sa uban. Kung kita maghatag niining klase sa gugma sa atong mga silingan ug sa tanang uban pang mga tawo, unsa kaha kahimuot ang Dios nga Amahan kanato!

Si Abraham Nagpangita sa Benepisyo sa Uban kauban ang Gugma

Ang magbutang og una sa mga interes sa uban kaysa ato naggikan sa sakprisyo nga gugma. Si Abraham usa ka maayo nga pananglit sa usa ka tawo nga nagpangita og una sa benepisyo sa uban kaysa hinoon sa iyang kaugalingon.

Sa kaniadtong si Abraham nagbiya sa iyang lungsod, ang iyang pag-umangkon nga si Lot misunod kaniya. Si Lot sab midawat og daku nga mga panalangin salamat kang Abraham ug siya adunay daghan kaayong mga mananap nga walay igo nga tubig aron nga ipakaon sa parehong mga panon sa karnero ug baka ni Abraham ug Lot. Usahay ang mga magbalantay sa parehong partido bisan pa mag-away.

Dili gusto ni Abraham nga maguba ang kalinaw, ug iyang gihatag kang Lot ang kamatarung nga magpili og una kung asang bahin sa yuta siya gusto ug ang pikas iyang ibilin kang Abraham. Ang pinakamahinungdanon nga bahin sa pag-atiman sa mga panon mao ang sagbot ug tubig. Ang dapit nga ilang gipuy-an walay igo nga sagbot ug tubig para sa tanang mga panon, ug ang paghatag sa mas maayo nga yuta mao nga sa pamati sama sa paghatag sa kung unsay kinahanglanon para sa pagkabuhi.

Mahimo ni Abraham nga maghatag og ingon nga dakung konsiderasyon kang Lot kay gihigugma siya og pag-ayo ni Abraham. Apan si Lot wala masayod niining gugma ni Abraham; iya lang gipili ang mas maayo nga yuta, ang Walog Sa Jordan ug mibiya. Mibati ba og dili pagkakomportable si Abraham sa pagkakita kang Lot nga dihadiha dayong mipili nga walay pagduhaduha kung unsay maayo para kaniya? Wala gayud! Siya malipayon nga gikuha sa iyang pag-umangkon ang maayo nga yuta.

Nakita sa Dios kining maayo nga kasingkasing ni Abraham ug gipanalanginan siya ug mas daghan bisag asa siya moadto. Siya nahimog usa ka datu kaayo nga tawo nga siya gitahud bisan sa mga hari nianang dapita. Sumala sa gihulagway nganhi, kita piho nga modawat og mga panalangin kung kita mangita og benepisyo sa ubang katawohan og una ug dili ang atong kaugalingon.

Kung kita maghatag sa usa ka butang nga atua sa atong hinigugma, ang kalipay mas daku kaysa bisan unsang butanga pa. Kini usa ka klase sa kalipay nga ang kato lang ang mihatag og usa ka butang nga bilihon kaayo sa ilang hinigugma ang makasayod. Gipangalipayan ni Hesus ang ingon nga kalipay. Kining pinakadakung kalipay mahimong maangkon kung atong ipa-ugmad ang hingpit nga gugma. Lisud kini nga maghatag sa katong atong gikadumtan, apan dili kini lisud gayud nga maghatag sa katong atong hinigugma. Kita mangalipay sa paghatag.

Aron Mapangalipayan ang Pinakadakung Kalipayan

Ang hingpit nga gugma nagtugot kanato nga mapangalipayan ang pinakadakung kalipayan. Ug aron nga maangkon ang hingpit nga gugma sama kang Hesus, kinahanglan kanatong maghunahuna sa uban og una sa atong mga kaugalingon. Kaysa hinoon ang atong kaugalingon, ang atong mga silingan, ang Dios, ang Ginoo, ug ang iglesia ang kinahanglan nga atuang prayoridad, ug kung kini atong buhaton, ang Dios mag-atiman kanato. Siya magahatag kanato og mas maayo kung atong pangitaon ang benepisyo sa ubang mga katawohan. Sa Langit pagatipigan ang atong langitnong mga balus. Mao kana nganong ang Dios nagsulti, sa Mga Buhat 20:35, *"Labi pang bulahan ang paghatag kay sa pagdawat."*

Nganhi, kinahanglan kanatong tin-aw sa usa ka butang. Kinahanglan dili kita makaingon og mga problema sa panglawas para sa atong mga kaugalingon pinaagi sa matinumanong pagtrabaho para sa gingharian sa Dios lapas sa utlanan sa atong pisikal nga kalig-on. Ang Dios modawat sa atong kasingkasing kung kita magsulay nga magmatinumanon lapas sa atong mga limitasyon. Apan ang atong pisikal nga lawas nagkinahanglan og pahulay. Kinahanglan sab kanatong atimanon ang kauswagan sa atong kalag pinaagig pag-ampo, pagpuasa, ug pagtuon sa Pulong sa Dios, ug dili lang pagtrabaho para sa iglesia.

Ang pipila ka mga katawohan makaingon og disbentaha o kadaut nga mahiabot sa mga miyembro sa pamilya o ubang mga katawohan pinaagig paggahin og sobrang panahon sa relihiyoso o mga aktibidad sa iglesia. Pananglitan, ang pipila ka mga katawohan dili makabuhat sa ilang mga katungdanan og tarung sa trabaho kay sila nagpuasa. Ang pipila ka mga estudyante mahimong magpatumbaya sa ilang mga pagtuon aron makasalmot sa mga aktibidad sa Domingo nga pag-ekswela (Sunday school).

Sa ibabaw nga mga kaso, mahimo silang maghunahuna nga wala sila nagmaakop-akopon kay sila sa gihapon nagtrabahog lisud. Apan, kini dili gayud tinuod. Bisan pa sa katinuoran nga sila nagtrabaho para sa Ginoo, sila wala nagmatinumanon sa tibuok balay sa Dios, ug busa kini nagkahulogan nga wala sila nagtuman sa tibuok nga katungdanan sa mga anak sa Dios. Human sa tanan, sila nagpangita lang sa ilang kaugalingong benepisyo.

Karon, unsa man ang atong buhaton aron malikayan ang kaugalingong benepisyo sa tanang mga butang? Kinahanglang magsalig kita sa Espiritu Santo. Ang Espiritu Santo, nga mao ang kasingkasing sa Dios, magadala kanato sa kamatuoran. Mabuhi lang kita para sa himaya sa Dios kung buhaton kanato ang tanang butang pinaagi sa paggiya sa Espiritu Santo sama sa gisulti sa apostol nga si Pablo, *"Busa, kon magakaon kamo o magainom, o magabuhat sa bisan unsa, buhata ninyo kining tanan aron sa paghimaya sa Dios"* (1 Mga Taga-Corinto 10:31).

Aron sarang nga mabuhat ang anaa sa ibabaw, kinahanglan kanatong isalikway ang dautan gikan sa atong kasingkasing. Dugang pa, kung atong ipa-ugmad ang tinuod nga gugma diha sa atong kasingkasing, ang kaalam sa kamaayo moanha diha kanato aron nga atong mailhan ang kabubut-on sa Dios sa matag sitwasyon. Sumala sa ibabaw, kung ang atong kalag magmauswagon, ang tanang mga butang magmaayo diha kanato ug kita mahimsog, busa mahimo kitang magmatinumanon sa Dios sa bug-os nga gidak-on. Kita sab higugmaon sa atong mga silingan ug mga miyembro sa pamilya.

Kung ang bag-ong mga kasal ang moanhi kanako aron magdawat sa akong panalangin nga pag-ampo, kanunay ko nga mag-ampo para kanila nga sila magpangita sa benepisyo sa usa og una. Kung magsugod silag magmaakop-akopon, dili sila mahimong mag-angkon og kalinaw nga pamilya.

Mahimo kanatong mapangita ang benepisyo sa katong atong gihigugma o sa katong mahimong makahatag og bentaha kanato. Apan unsa man ang katong naghatag kanato og kalisdanan sa matag butang ug kanunay nga nagsunod sa ilang kaugalingong mga benepisyo? Ug, unsa man ang katong nagdulot og kadaut o nakaingon kanato nga mag-antus sa kagusbatan, o ang katong dili makahatag kanato og bisan unsang benepisyo? Unsaon man kanato maglihok sa katong naglihok sa kabakakan ug nagsultig dautan nga mga pulong sa tanang panahon?

Sa katong mga kasoha, kung maglikay lang kita kanila o kung dili kita andam nga magsakripisyo para kanila, kini nagpasabot nga kita nagmaakop-akopon. Kinahanglan kitang sarang nga magsakripisyo sa atong mga kaugalingon ug magtugot sa bisan katong mga katawohan nga adunay lahi nga mga ideya kaysa atua. Mao lang unya nga kita mahunahuna nga mga indibiduwal nag nagpagula sa atong espirituhanong gugma.

8. Ang Gugma Dili Maghagit

Ang gugma magbuhat sa kasingkasing sa mga tawo nga positibo. Sa pikas nga bahin, ang kasuko magbuhat nga negatibo ang kasingkasing. Ang kasuko nagpasakit sa kasingkasing ug nagbuhat niini nga madulom. Busa, kung ikaw masuko, dili ka mahimong makapuyo sa gugma sa Dios. Ang mayor nga mga litag nga ibutang sa kaaway nga yawa ug Satanas sa atubangan sa mga anak sa Dios mao ang kadumot og kasuko.

Ang paghagit dili lang ang pagkasuko, pagsinggit, pagpamalikas, ug paghimong bayolente. Kung ang imong nawong nalusngo, kung ang imong kolor sa nawong mausab, ug kung ang paagi nga ikaw magsulti mahimong kalit, kini bahin tanan sa paglihok sa pagpanghagit. Bisan pa ang kadakuon maglain-lain sa matag kaso, kini sa gihapon gawasnon nga pagpadayag sa kangil-ad nga pamati diha sa kasingkasing. Apan unya, sa pagkita lang sa hitsura sa usa ka tawo, dili kita kinahanglan nga maghukom o magkondena sa uban nga naghunahuna nga siya nasuko. Dili kini sayon para sa kang bisan kinsa nga masayod sa kasingkasing sa usa ka tawo og tukma.

Sa kausa si Hesus nagpagula sa katong nagbaligya og mga butang sa Templo. Ang mga magpapatigayon mibutang og mga lamesa ug nagpabaylo sa kuwarta o mibaligya og mga mananap sa mga katawohan nga mianha sa Tempo sa Herusalem aron nga magsaulog sa Pasko. Si Hesus maaghop kaayo; Siya wala nangaway og misinggit, ug walay makadungog sa Iyang tingog sa mga dalan. Apan sa pagkakita niining eksena, ang Iyang kinaiya lahi kaayo kaysa kasagaran.

Mibuhat siya og usa ka latigo gikan sa pisi ug gipagula ang mga karnero, mga baka, ug ubang mga sakripisyo. Iyang gitumba ang mga lamesa sa mga nagbaylo sa kuwarta ug mga namaligya og mga salampati. Sa pagpakita sa nagpalibot nga mga katawohan niining Hesus, sila mahimong mihunahuna nga Siya nasuko. Apan nianang panahona, dili kini nga Siya nasuko tungod sa kangil-ad nga mga pamati sama sa kadumot. Siya aduna lang og matarung nga kayugot. Pinaagi sa Iyang matarung nga kayugot, mitugot Siya kanato nga maamgohan nga ang dili pagkamatarung sa paghugaw sa Templo sa Dios dili matugtan. Kining klase sa matarung nga kayugot mao ang salangpotan sa gugma sa Dios nga nagpahingpit sa gugma sa Iyang katarung.

Ang Kalahian taliwala sa Matarung nga Kayugot ug Kasuko

Sa Marcos kapitulo 3, sa Adlaw nga Igpapahulay si Hesus miayo sa usa ka tawo sa sinagoga nga adunay kamot nga nakuyos. Ang mga katawohan nagbantay kang Hesus aron tan-awon kung Iya bang ayuhon ang tawo sa Adlaw nga Igpapahulay aron nga ilang isumbong Siya sa paglapas sa Adlaw nga Igpapahulay. Niining panahona, nasayod si Hesus sa mga kasingkasing sa mga katawohan ug nangutana, *"Uyon ba sa kasugoan ang pagbuhat ug makaayo o ang pagbuhat sa makadaut sulod sa Adlaw nga Igpapahulay, ang pagluwas ug kinabuhi o ang pagpatay?"* (Marcos 3:4).

Ang ilang tuyo napadayag, ug sila wala na'y bisan unsang dugang pa nga mga pulong nga isulti. Ang kasuko ni Hesus paingon sa ilang gipagahi nga mga kasingkasing.

> *Uban sa kasuko miliraw Siya sa pagsud-ong kanila, naguol tungod sa kagahi nilag kasingkasing, ug unya miingon sa tawo, "Ituy-od ang imong kamot." Gituy-od niya kini, ug ang iyang kamot hing-ulian* (Marcos 3:5).

Nianang panahona, ang dautan nga mga katawohan misulay lang sa pagkondena ug patyon si Hesus, nga nagbuhat lang og maayong mga buhat. Busa, usahay, si Hesus migamit og baskug nga mga pagpadayag para kanila. Kini mao nga aron sila makaamgo ug moliso gikan sa dalan sa kalaglagan. Sama niini, ang matarung nga kayugot ni Hesus nakuha gikan sa Iyang gugma. Kining kayugot usahay mipukaw sa mga katawohan ug nagdala kanila sa kinabuhi. Mao kini niining paagi nga ang paghagit ug ang pagka-anaay matarung nga kayugot tibuok nga lahi. Sa pagpakahimog balaan lang sa usa ka tawo ug wala gayuy sala, ang iyang mga pagbadlong ug mga pagsaway maghatag og kinabuhi sa kalag. Apan kung walay pagpakabalaan sa kasingkasing, ang usa ka tawo dili makapamunga niining klase sa bunga.

Daghang mga rason nganong ang mga katawohan masuko. Una, kini tungod kay ang mga ideya sa mga katawohan ug unsang ilang gusto lahi sa usag usa. Ang tanang tawo adunay nagkalainlaing kagikanan og edukasyon, busa ang ilang mga kasingkasing ug mga hunahuna, ug paghukom sa mga sukdanan nagkalainlaing tanan gikan sa usag usa. Apan sila magsulay nga magpa-igo sa ilang kaugalingong mga ideya sa uban, ug sa niining proseso sila magkangil-aray og mga pamati.

Kunohay ang bana gustog parat nga mga pagkaon samtang ang asawa dili. Ang asawa mahimong magsulti, "Ang sobrang asin dili maayo sa imong panglawas, ug kinahanglan magkonsumo ka og mas gamay nga asin." Naghatag siya niining tambag para sa panglawas sa iyang bana. Apan kung ang bana dili gusto niini, dili siya kinahanglan nga magpugos niini. Kinahanglan mangita silag paagi para kanilang duha nga magtugyan sa usag usa. Mahimo silang maghimog usa ka malipayon nga pamilya kung tingub kanilang sulayan.

Ikaduha, ang usa ka tawo mahimong masuko kung dili maminaw kaniya ang uban. Kung siya mas may edad o anaa sa mas taas nga posisyon, gusto kaniyang mosunod ang uban kaniya. Lagi, kini husto nga magtahud sa mga mas nakataas ug mosunod sa katong anaa sa panguna nga mga posisyon sa herarkiya, apan bisan pa dili kini husto para niining mga katawohan nga magpuwersa sa katong anaa sa mas ubos nga posisyon nga mosunod.

Adunay mga kaso nga kung ang usa ka tawo anaa sa mas taas nga ranggo dili gayud maminaw sa mga mas ubos apan gusto lang kanila nga mosunod sa iyang mga pulong nga walay kondisyon. Sa ubang mga kaso ang mga katawohan masuko kung sila mag-antus sa usa ka kapildihan o gitratar og di tarung. Dugang pa, ang usa ka tawo mahimong masuko kung ang mga katawohan mayugot kaniya nga walay hinungdan, o kung ang mga butang wala mabuhat sumala sa iyang gihangyo o gitudlo; o kung ang mga katawohan manunglo o mag-insulto kaniya.

Sa dili pa sila masuko, ang mga katawohan aduna na'y nag-unang ngil-ad nga pamati sa ilang mga kasingkasing. Ang mga pulong o mga lihok sa uban nagpagana sa ingon nga mga pamati nga aduna sila. Sa ulahi ang dili mahimutang nga pamati mogawas isip nga kasuko. Sa kasagaran, ang pag-angkon niining ngil-ad nga kinaiya nga pamati mao ang unang tikang aron masuko. Dili kita mahimong magpuyo sa gugma sa Dios ug ang atong espirituhanon nga pagtubo seryoso nga mababagan kung kita masuko.

Dili kanato mabag-o ang atong mga kaugalingon sa kamatuoran samtang kita adunay ngil-ad nga mga pamati, ug kinahanglan kanatong likayan nga mahagit, ug isalikway ang kasuko sa iyang kaugalingon. Ang 1 Mga Taga-Corinto 3:16 nagsulti nga, *"Wala ba kamo masayud nga kamo templo sa Dios ug nga ang Espiritu sa Dios nagapuyo diha sa sulod ninyo?"*

Kita makaamgo nga ang Espiritu Santo nagkuha sa atong kasingkasing isip nga templo ug nga ang Dios nagbantay kanato, aron nga kita dili mahagit tungod lang kay ang pipila ka mga butang wala mag-uyon sa atong kaugalingong mga ideya.

Ang Kasuko sa Tawo dili Mosangpot nianang Pagkamatarung nga Uyon sa Dios

Sa kaso ni Eliseo, siya midawat og doble nga bahin sa iyang manunudlo, ang espiritu ni Elias, ug mibuhat og daghan pang mga buhat sa gahum sa Dios. Mihatag siya sa usa ka babaye nga apuli sa panalangin sa pagpanamkon; iyang gihiuli ang patay nga tawo, gipaayo ang mga sanlahon, ug gipildi ang mga kaaway nga kasundalohan. Iyang gibaylo ang dili mainom nga tubig ngadto sa maayong tubig pinaagi sa pagbutang niini og asin. Bisan pa niana, siya namatay sa usa ka sakit, kung hain talagsaon para sa usa ka daku nga propeta sa Dios.

Unsa man kaha ang rason? Kini mao ang kaniadtong siya moadto pasaka sa Bethel. Usa ka grupo sa batan-on nga mga bata migula sa siyudad ug nagtamay kaniya, kay diotay ra ang iyang buhok ug ang iyang hitsura dili paborable. *"Tumungas ka, ikaw upawon; tumungas ka, ikaw upawon!"* (2 Mga Hari 2:23).

Dili lang duha, apan daghan kaayong mga bata ang misunod ug nagbiay-biay kang Eliseo, ug siya naulaw. Iya silang gitambagan ug gikasab-an, apan dili sila maminaw. Sila sukihan kaayo sa paghatag og kalisdanan sa propreta, ug kini dili maantus ni Eliseo.

Ang Bethel morag lugar sa idolatriya sa Amihanang Israel pagkahuman og tunga sa nasud. Ang mga bata nianang dapita tingali adunay gipagahi nga mga kasingkasing tungod sa kalikopan nga pagsimbag disodios. Mahimo kanilang gibabagan ang dalan, nangluwa kang Eliseo, o bisan pa milabay og mga bato kaniya. Sa ulahi gipanunglo sila ni Eliseo. Duha ka babaye nga oso ang migula sa kakahoyan ug mipatay sa kap-atan og duha sa ilang gidaghanon.

Lagi, ila kining gidala sa ilang mga kaugalingon pinaagi sa pagbiay-biay sa tawo sa Dios lapas sa utlanan, apan kini nagpamatuod nga si Eliseo adunay ngil-ad nga mga pamati. Kini dili walay kalabotan sa katinuoran nga siya namatay sa sakit. Atong makita nga dili kini husto para sa mga anak sa Dios nga mahagit. *"Kay ang kasuko sa tawo dili mosangpot nianang pagkamatarung nga uyon sa Dios"* (Santiago 1:20).

Dili Mahagit

Unsa man ang atong buhaton aron dili masuko? Kini ba atong ipton kauban ang pagpugong sa kaugalingon? Sa atong pagduso sa usa ka spring og maayo, kini magkuha og mas daku nga puwersa sa pagbalik ug motigib sa dihang atong kuhaon ang atong kamot. Kini sama sa pagkasuko. Kung kini atua lang ipton, mahimo kanatong malikayan ang panagbangi nianang panahona, apan kini sa ulahi mobuto sa madugay o madali. Busa, aron dili mahagit, kinahanglan kanatong wagtangon ang pamati sa kasuko mismo sa iyang kaugalingon. Dili lang kanato kinahanglang ipton kini apan ibaylo ang atong kasuko ngadto sa kamaayo ug gugma aron nga dili na kanatong kinahanglan nga ipton ang bisan unsang butanga.

Lagi, dili kanato masalikway ang ngil-ad nga mga pamati sa usa lang ka kagabii ug mailisan sila sa kamaayo ug gugma. Kinahanglan kitag makanunayon nga magsulay sa matag adlaw. Sa una, sa usa ka mahagiton nga sitwasyon, kinahanglan kanatong ibilin ang sitwasyon sa Dios ug magpailob. Kini gisulti nga sa pagtuon kang Thomas Jefferson, ang ikatulo nga Presidente sa Estados Unidos, nga gisulat nga, "Kung masuko, pag-ihap og napulo sa dili pa ka magsulti; kung masuko og pag-ayo, usa ka gatos." Usa ka Koryano nga pulongan nagsulti nga "tulo ka beses nga magpailob mopaundang sa usa ka pagpatay."

Kung masuko, kinahanglan kanatong moatras ug maghunahuna mahitungod sa unsang mga klase sa mga benepisyo ang dal-on niini kanato kung kita masuko. Unya, dili kanato mabuhat ang bisan unsang butang nga atong hinulsolan o bisan unsang butang nga kaulawan. Sa atong pagsulay nga magpailob kauban ang mga pag-ampo ug katabang sa Espiritu Santo, sa madali masalikway kanato ang dautan nga pamati ug kasuko mismo sa iyang kaugalingon. Kung kita masuko og kanapulo sa una, ang gidaghanon magkunhod ngadto sa siyam ug unya walo ug sa ingon. Sa ulahi, kita magangkon lang og kalinaw bisan sa usa ka mahagiton nga sitwasyon. Unsa kaha ka malipayon kita unya!

Ang Mga Proberbio 12:16 nagsulti nga, *"Ang kasuko sa usa ka buang mahibaloan dayon sa dayag, apan ang usa ka mabinantayong tawo nagabaton ug kaulaw,"* ug Ang Mga Proberbio 19:11 nagsulti nga, *"Ang pagkabuotan sa usa ka tawo makapahimo kaniya nga mahinay sa pagkasuko, ug maoy iyang himaya ang pagpasaylo sa kalapasan."*

Ang 'Kasuko' usa lang ka 'K' sa 'Kakuyaw'. Mahimo kanatong maamgohan kung unsa kakuyaw kini nga masuko. Ang katapusang mananaog mao ang katong nagpalahutay. Ang pipila ka mga katawohan nagbuhat og pagpugong-sa iyang kaugaulingon kung anaa sa iglesia bisan sa mga sitwasyon nga mahimo kaniyang masuko, apan sila dali ra masuko sa balay, sa mga eskwelahan, o sa mga trabahoan. Ang Dios dili lang anaa sa iglesia.

Nakahibalo siya sa atong paglingkod ug pagtindog, ug ang matag pulong nga atong isulti ug ang matag hunahuna nga aduna kita. Siya nagbantay kanato bisag asa, ug ang Espiritu Santo nagpuyo diha sa atong kasingkasing. Busa, kinahanglan kanatong mabuhi nga morag nagtindog kita sa atubangan sa Dios sa tanang panahon.

Usa ka piho nga magti-ayon naglalis, ug ang nasuko nga bana misinggit sa iyang asawa nga isira ang iyang baba. Siya nakurat og pag-ayo nga wala kaniya abrihi ang iyang baba usab aron magsulti hangtud nga siya namatay. Ang bana nga mibuhat sa iyang kasapot sa iyang asawa sama sa asawa miantus sab og pag-ayo. Ang paghagit makahimo sa daghang mga tawo nga mag-antus, ug kita kinahanglan magtinguha nga wagtangon ang tanang klase sa ngilad nga mga pamati.

9. Ang Gugma Dili Maaligotguton

Sa paggawi sa akong ministro ako nakatagbo og halapad nga nagkadaiya nga mga katawohan. Ang pipila ka mga katawohan mibati sa mga emosyon sa gugma sa Dios sa paghunahuna lang Kaniya ug nagsugod og hilak samtang ang uban adunay kasamok sa ilang mga kasingkasing kay wala kanila halawom nga gibati ang gugma sa Dios sa ilang kasingkasing bisan pa nga sila nagtoo ug nahigugma Kaniya.

Ang gidak-on kung unsa kanato mabati ang gugma sa Dios nag-agad sa gidak-on sa atong pagsalikway sa mga sala ug dautan. Sa gidak-on nga kita mabuhi sa Pulong sa Dios ug isalikway ang dautan gikan sa atong kasingkasing, mabati kanato ang gugma sa Dios sa halawom sa atong kasingkasing nga walay pag-undang sa pagtubo sa atong pagtoo. Usahay mahimo kitang mangatubang og mga kalisdanan sa atong pagmartsa sa pagtoo, apan sa niadtong mga panahona kinahanglan kanatong hinumdumon ang gugma sa Dios nga nagbantay kanato sa tanang panahon. Samtang kita nakahinumdom sa Iyang gugma, dili kita magma-aligutgoton.

Pagkamaaligotguton

Sa iyang libro nga *Pag-ayo sa Natago nga mga Pagkaadik sa Kinabuhi (Healing Life's Hidden Addictions),* ni Dr. Archibald D. Hart, usa ka kanhi nga dean sa Eskwelahan sa Sikolohiya sa Fuller Theological Seminary, miingon nga usa sa upat ka mga batan-on sa Amerika anaa sa seryoso nga depresyon, ug kanang depresyon, mga droga, pakighilawas, Internet, makahulubog nga ilimnon, ug sigarilyo ang nagalaglag sa mga kinabuhi sa batan-on nga mga katawohan.

Sa pag-undang sa mga adik og gamit sa mga substansiya nga nag-usab sa hunahuna, sa pamati ug sa mga gawi, sila mahimong mahabinlan sa kadiotayan, kung anaa pa'y kabatid sa pagsagubang. Ang adik mahimong moliso ngadto sa ubang makaadik nga mga gawi nga mahimong magmaniobra sa kemika sa utok para makaikyas. Kining makaadik nga mga gawi mahimong moapil sa pakighilawas, gugma ug relasyon (PGR). Sila dili makakuha og tinuod nga katagbaw gikan sa bisan unsang butang, ug dili sab kanila mabati ang grasya ug kalipay nga naggikan sa relasyon sa Dios, ug busa sila anaa sa seryoso nga sakit, sumala kang Dr. Hart. Ang pagkaadik usa ka pagsulay nga makakuha og katagbaw gikan sa ubang mga butang kaysa grasya ug kalipay nga gihatag sa Dios, ug kini mao ang salangpotan sa dili pagtagad sa Dios. Ang usa ka adik sukaranon nga maghunahuna sa usa ka sayop nga gibuhat sa tanang panahon.

Karon, unsa man ang sayop nga gibuhat? Kini nagpasabot sa tanang dautan nga mga butang, kung hain wala nag-uyon sa kabubut-on sa Dios. Ang paghunahuna sa dautan mahimong kasagaran nga makategorya ngadto sa tulo ka mga klase.

Ang una mao ang imong hunahuna nga gusto kanimo ang usa ka butang nga dili-maayo mahitabo sa ubang katawohan.
Pananglitan, atong ingnon nga nakig-away ka sa usa ka tawo. Unya, gikadumtan kanimo siya og pag-ayo nga ikaw maghunahuna nga, "unta mapandol siya og madagma." Usab,

atong ingnon nga dili maayo ang imong relasyon sa usa ka silingan, ug adunay dili maayo nga nahitabo kaniya. Unya, ikaw maghunahuna nga, "Maayo kana kaniya!" o "Nakahibalo gayud ko nga mahitabo kini!" Sa kaso sa mga estudyante, ang usa ka estudyante mahimong gusto nga dili maayo ang makuha sa usa ka klasmeyt sa pasulit.

Kung aduna ka'y tinuod nga gugma diha kanimo, dili ka gayud maghunahuna sa ingon nga dautan nga mga butang. Gusto ba kanimong masakit ang imong mga pinalangga o maaksidente? Gusto kanimong kanunay nga ang imong pinalangga nga asawa o bana nga kanunay nga mahimsog ug luwas sa bisan unsang mga aksidente. Kay wala kita'y gugma diha sa atong kasingkasing, gusto kanatong adunay dili maayo nga mahitabo sa uban, ug kita mangalipay sa kasubo sa ubang katawohan.

Usab, gusto kanatong mahibaloan ang mga kasal-anan o kaluyahan sa ubang katawohan ug ikatap kini kung kita walay gugma. Kunohay miadto ka sa usa ka panagtagbo, ug ang usa ka tawo ngadto nagsultig usa ka butang nga dili maayo mahitungod sa usa ka tawo. Kung ikaw interesado nianang pakighinabi, nan, kinahanglan kanimong usisaon ang imong kasingkasing. Kung adunay usa ka tawo nga nagbutangbutang sa imong mga ginikanan, gusto ba kanimong padayon nga maminaw niini? Imo silang paundangon dayon?

Lagi, adunay mga higayon ug mga kaso kung asa kinahanglan kanimong mahibaloan ang mga sitwasyon sa uban kay gusto kanimong makatabang niadtong mga tawhana. Apan kung kana dili mao ang kaso ug kung ikaw interesado gihapon sa pagdungog mahitungod sa dili maayo nga mga butang sa uban, kini tungod kay aduna ka'y pangandoy nga magbutangbutang ug magtabi mahitungod sa uban. *"Kadtong magatabon sa usa ka kalapasan nagapangita og gugma, apan kadtong magabutyag sa usa ka butang nagapabulag sa labing suod nga mga higala"* (Mga Proberbio 17:9).

Ang katong maayo ug adunay gugma sa ilang mga kasingkasing magsulay nga magtabon sa kalapasan sa uban. Usab, kung aduna kita'y gugma, kita dili manibugho o masina kung ang uban mas maayo ang kahimtang. Gusto lang kanato nga sila magmaayo ang kahimtang ug higugmaon sa uban. Ang Ginoong Hesus nagsulti kanato nga higugmaon bisan pa ang atong mga kaaway. Ang Mga Taga-Roma 12:14 nagsulti sab nga, *"Panghinauti ninyo ang mga nagalutos kaninyo; panghinauti ug ayaw ninyo sila pagpanghimarauta."*

Ang ikaduhang aspeto sa dautan nga hunahuna mao ang paghukom ug pagkondena sa uban.

Pananglitan, kunohay imong nakita ang usa ka tumuluo nga miadto sa usa ka dapit kung asa ang mga tumuluo dili moadto. Unya, unsang klase sa mga hunahuna ang may anaa ka? Mahimong mag-angkon ka og negatibo nga opinyon kaniya sa gidak-on nga aduna ka'y dautan, nga naghunahuna sama sa, 'Nganong mabuhat man kana kaniya?' O, kung ikaw adunay pipila kamaayo, mahimo kang maghunahuna nga, 'Nganong moadto man siya sa ingon nga dapit?', apan unya, imong gibag-o ang imong hunahuna ug naghunahuna nga siya tingali adunay rason nganong gibuhat kini.

Apan kung ikaw adunay espirituhanon nga gugma diha sa imong kasingkasing, dili ka mag-angkon og bisan unsang klase sa dautan nga mga hunahuna sa una pa lang. Bisan pa kung ikaw makadungog sa usa ka butang nga dili maayo, dili ka maghukom o magkondena kondili kanimo mausisag doble ang mga katinuoran. Sa kadaghang mga kaso, kung ang mga ginikanan makadungog og pipila ka mga dili maayo nga butang mahitungod sa ilang mga anak, unsa man ang ilang ilihok? Dili kini kanila sayon nga madawat apan hinoon magpugos nga ang ilang mga anak dili magbuhat sa ingon nga mga butang. Ilang hunahunaon nga ang tawo nga nagsulti niadtong mga butanga mao ang dili maayo. Sa samang paagi, kung tinuod kang nahigugma sa usa ka tawo, imong sulayan nga maghunahuna kaniya sa pinakaamayo nga paagi nga posible.

Apan karong adlawa, atong makita nga ang mga katawohan dali ra kaayo maghunahuna og dautan sa uban ug magsultig dili maayo nga mga butang mahitungod kanila. Kini dili lang gibuhat sa personal nga mga relasyon, apan sila sab mosaway sa katong anaa sa publiko nga mga posisyon.

Wala gani sila nagsulay nga tan-awon ang tibuok nga litrato kung unsa ang tinuod nga nahitabo, apan nagkatap og walay basehan nga mga hungihong. Tungod sa agresibo nga mga tubag sa Internet, pipila ka mga katawohan ang maghikog. Sila maghukom lang ug magkondena sa uban sa ilang kaugalingong sukdanan ug dili pinaagi sa Pulong sa Dios. Apan unsa man ang maayong kabubut-on sa Dios?

Ang Santiago 4:12 nagpasidan-an kanato, *"Usa ra ang Magbabalaod ug Maghuhukom, Siya nga arang makaluwas ug makalaglag; apan ikaw, si kinsa ka man nga magahukom sa imong silingan?"*

Ang Dios lang ang tinuod nga makahukom. Kana mao nga,

ang Dios magsulti kanato nga kini dautan nga maghukom sa atong silingan. Kunohay ang usa ka tawo tin-aw nga nagbuhat og usa ka butang nga sayop. Niining sitwasyon, sa katong adunay espirituhanon nga gugma dili kini mahinungdanon kung ang kanang tawhana husto og sayop sa unsang iyang gibuhat. Sila maghunahuna lang og unsay tinuod nga makabenepisyo para sa nianang tawhana. Gusto lang kanila nga kalag nianang tawhana nga magmauswagon ug para kaniya nga higugmaon sa Dios.

Dugang pa, ang hingpit nga gugma dili lang aron magtabon sa kalapasan, apan sab magtabang sa usa ka tawo nga maghinulsol. Kinahanglan sab kanatong sarang nga magtudlo sa kamatuoran sa kasingkasing nianang tawhana aron nga mabuhat kaniya dayon ug mabag-o ang iyang kaugalingon. Kung kita adunay hingpit nga espirituhanon nga gugma, dili na kita kinahanglan nga magsulay nga tan-awon kanang tawhana sa kamaayo. Natural kanatong higugmaon bisan pa ang tawo nga daghang kalapasan. Gusto kang kanatong kasaligan siya ug tabangan siya. Kung kita walay bisan unsang hunahuna sa paghukom o pagkondena sa uban, kita magmalipayon sa bisan kinsa nga atong matagbo.

Ang ikatulo nga aspeto mao ang tanang mga hunahuna nga wala mahiuyon sa kabubut-on sa Dios.

Dili lang ang pag-angkon og pipila ka dautan nga mga hunahuna mahitungod sa uban apan usab pag-angkon og bisan unsang hunahuna nga wala mahiuyon sa kabubut-on sa Dios dautan nga hunahuna. Sa kalibutan, ang mga tawo nga nabuhi sa moral nga mga sukdanan ug sumala sa tanlag gisulti nga pagkabuhi sa kamaayo.

Apan dili ang moralidad mi ang tanlag mahimo nga bug-os

nga sukdanan sa kamaayo. Ang pareho adunay daghang mga butang nga sukwahi sa o hingpit nga kaatbang sa Pulong sa Dios. Ang Pulong lang sa Dios ang mahimong bug-os nga sukdanan sa kamaayo.

Ang katong modawat sa Ginoo nagkompisal nga sila mga makakasala. Ang mga katawohan mahimong magkuha og garbo sa ilang mga kaugalingon para sa katinuoran nga sila nabuhi sa maayo ug moral nga mga kinabuhi, apan sila sa gihapon dautan ug sila sa gihapon makakasala sumala sa Pulong sa Dios. Kini tungod kay ang bisan unsang butang nga wala maghiuyon sa Pulong sa Dios dautan ug sala, ug ang Pulong sa Dios mao lang ang bug-os nga sukdanan sa kamaayo (1 Juan 3:4).

Unya, unsa man ang kalahian taliwala sa sala ug dautan? Sa halapad nga diwa, ang sala ug dautan parehong kabakakan kung hain batok sa kamatuoran nga mao ang Pulong sa Dios. Sila kangitngitan, kung hain kaatbang sa Dios nga mao ang Kahayag.

Apan sa pag-adto sa mas daku nga detalye daku ang kalahian kanila gikan sa usag usa. Sa pagkumpara niining duha sa usa ka kahoy, ang 'dautan' morag ang gamot nga anaa sa yuta nga dili makita, ug ang 'sala' morag ang mga sanga, mga dahon, ug mga bunga.

Kung walay gamot, ang kahoy dili mag-angkon og mga sanga, mga dahon, o mga bunga. Sama niini, ang sala mabuhat tungod sa dautan. Ang dautan usa ka kinaiyahan nga anaa sa kasingkasing sa usa ka tawo. Kini mao ang kinaiyahan nga batok sa kamaayo, gugma, ug kamatuoran sa Dios. Kung ang kining dautan mapadayag sa usa ka piho nga porma, kini gipasabot isip nga sala.

Miingon si Hesus nga, *"Ang maayong tawo, gikan sa*

maayong bahandi sa iyang kasingkasing, magapagulag maayo; apan ang dautang tawo, gikan sa iyang dautang bahandi, magapagulag dautan; kay gikan sa kadagaya sa kasingkasing magasulti ang iyang baba" (Lucas 6:45).

Kunohay ang usa ka tawo nagsulti sa usa ka butang nga nagpasakit sa usa pa ka tawo nga iyang gikadumtan. Mao kini kung kanus-a ang dautan sa iyang kasingkasing gipadayag isip nga "pagdumot" ug 'dautan nga mga pulong', kung hain mga piho nga sala. Ang usa ka sala maamgohan ug mapiho sumala sa sukdanan nga gitawag Pulong sa Dios, kung hain mao ang kasugoan.

Kung walay balaod walay tawo nga makasilot sa bisan kang kinsa kay walay sukdanan ug paghukom. Sama niini, ang sala mapadayag kay kini batok sa sukdanan sa Pulong sa Dios. Ang sala makategorya ngadto sa mga butang sa unod ug mga buhat sa unod. Ang mga butang sa unod mao ang mga sala nga gibuhat sa kasingkasing ug mga hunahuna ingon sa kadumot, kasina, panibugho, mananapaw nga hunahuna samtang ang mga buhat sa unod mao ang mga sala nga gibuhat sa lihok ingon sa pagpangaway, pagkasuko, o pagpatay.

Kini morag kaanggid sa mga sala o mga krimen niining kalibutan nga gikategorya sab ngadto sa nagkalain-laing mga sala. Pananglitan, depende sa kung batok kang kinsa ang usa ka krimen gibuhat, kini mahimong batok sa usa ka nasud, usa ka katawohan, o usa ka indibiduwal.

Apan bisan pa ang usa ka tawo adunay dautan diha sa iyang kasingkasing, kini dili tino nga siya magbuhat og mga sala. Kung siya maminaw sa Pulong sa Dios ug adunay pagpugong-sa iyang kaugalingon, mahimo kaniyang malikayan nga magbuhat og mga sala bisan pa nga siya adunay pipila ka dautan diha sa iyang kasingkasing. Niining estado, mahimo siyang matagbaw lang sa paghunahuna nga iya nang natuman ang pagpakabalaan kay tungod siya wala magbuhat sa makita nga mga sala.

Aron nga mahimong hingpit nga balaan, bisan pa niana, kinahanglan kanatong iwagtang ang dautan nga gibutang sa atong kinaiyahan, kung hain anaa sa halawom sa atong kasingkasing. Ang kinaiyahan sa usa ka tawo adunay nasulod nga dautan nga gipanunod gikan sa iyang mga ginikanan. Kini wala kasagaran gipadayag sa ordinaryo nga mga sitwasyon apan kini magtunga sa usa ka hilabihan nga sitwasyon.

Usa ka Koryano nga pulongan nag-ingon nga, "Ang tanang tawo moambak sa koral sa silingin kung gutomon sa tulo ka adlaw." Kini pareho sa "Ang pagkinahanglan dili moila og balaod." Hangtud nga kita bug-os nga mapabalaan, ang dautan nga gitagoan mahimong mapadayag sa usa ka hilabihan nga sitwasyon.

Bisan pa nga gamay ra kaayo, ang kinalibang sa mga langaw sa gihapon kinalibang. Sama sa parehong paagi, bisan pa nga sila dili sala, ang tanang mga butang nga dili hingpit sa mata sa hingpit nga Dios mga dagway sa dautan sa gihapon. Mao kana nganong ang 1 Mga Taga-Tesalonica 5:22 nagsulti nga, *"...likayi ninyo ang tanang dagway sa kadautan."*

Ang Dios gugma. Sa sukaranon, ang mga sugo sa Dios mahimong mapamubo ngadto sa 'gugma'. Kana mao nga, kini usa ka dautan ug kalapasan ang dili mahigugma. Busa, aron nga mausisa kita ba maaligotguton, atong mahunahuna kung unsa kadaghan ang gugma nga anaa diha kanato. Sa gidak-on nga atong gihigugma ang Dios ug ubang mga kalag, dili kanato iasoy ang sayop nga gibuhat.

Ug ang Iyang sugo mao kini, nga kinahanglan magatoo kita sa ngalan sa iyang Anak nga si Hesukristo ug maghigugmaay kita ang usa sa usa, sumala sa iyang gisugo kanato (1 Juan 3:23).

Ang gugma dili mohimog dautan ngadto sa silingan; busa ang gugma mao ang katumanan sa kasugoan (Mga Taga-Roma 13:10).

Dili Maaligotguton

Dili magmaaligotguton, labaw sa tanan, dili gani kinahanglan nga makita kanato o madungog ang dautan nga mga butang. Bisan pa nga mahitabo nga makita o madungog kanato, kinahanglan dili kanato sulayan nga mahinumdoman o maghunahuna mahitungod niini og usab. Kinahanglan dili kini kanato sulayan nga mahinumdoman. Lagi, usahay dili kanato mahimong mapugngan ang atong kaugalingong mga hunahuna. Ang usa ka partikular nga hunahuna mahimong mopatigbabaw og mas mabaskog sa atong pagsulay nga dili maghunahuna mahitungod niini. Apan sa padayon kanatong pagsulay nga dili mag-angkon og dautan nga mga hunahuna kauban ang mga pag-ampo, ang Espiritu Santo motabang kanato. Dili kanato kinahanglan nga tuyuon nga makita, madungog, o maghunahuna sa dautan nga mga butang, ug dugang pa, kinahanglan kanatong isalikway ang bisan mga hunahuna nga nagkidlap sa atong mga hunahuna sa kadali.

Kinahanglan dili kita mosalmot sa bisan unsang dautan nga buhat, sab. Ang 2 Juan 1:10-11 nagsulti nga, *"Kon adunay moanha kaninyo ug kini siya wala magdala sa maong tuloohan, ayaw ninyo siya pagpasak-a sa inyong balay, ug ayaw ninyo pagpangomustaha; kay siya nga mangomusta kaniya magapakig-ambit sa iyang dautan nga binuhatan."* Kini mao nga ang Dios nagtambag kanato nga likayan ang dautan ug dili kini dawaton.

Ang mga tawo nagpanunod sa makakasala nga mga kinaiyahan gikan sa ilang mga ginikanan. Samtang nabuhi niining kalibutan, ang mga katawohan makatagbo sa daghan kaayong mga kabakakan. Base niining makakasala nga kinaiyahan ug mga kabakakan, ang usa ka tawo magpalambo sa iyang personal nga kinaiya o 'kinaugalingon'. Ang usa ka Kristohanon nga kinabuhi mao ang pagsalikway niining makakasala nga mga kinaiyahan ug mga kabakakan gikan sa panahon nga atong gidawat ang Ginoo. Aron nga masalikway ang makakasala nga kinaiyahan ug mga kabakakan, kinahanglan kanato ang daku kaayong pagpailob ug paningkamot. Kay kita nabuhi niining kalibutan, kita mas nakaila sa kabakakan kaysa kamatuoran. Kini medyo mas sayon nga dawaton ang kabakakan ug ibutang kini diha kanato kaysa kini isalikway. Panaglitan, mas sayon kini nga mansahan ang puti nga sinina gamit ang itom nga tinta, apan kini lisud kaayo nga kuhaon ang mansa ug buhaton kini nga bug-os nga puti og usab.

Usab, bisan pa nga kini matan-aw nga morag gamay ra kaayo nga dautan, kini mapalambo ngadto sa daku nga dautan sa kadali lang. Sama sa gisulta sa Mga Taga-Galacia 5:9 nga, *"Usa ka pudyot nga igpapatubo magapatubo sa tibuok nga minasa,"* ang usa ka gamay nga dautan mahimong mokatap sa daghang mga katawohan og kadali ra kaayo. Busa, kinahanglan kanatong maandamon bisan pa mahitungod sa magagmay nga dautan. Aron nga dili maghunahuna sa kadautan, kinahanglan kadumtan kini kanato nga walay pagduhaduha mahitungod niini. Ang Dios nagsugo kanato nga *"Oh kamo nga mga nahagugma sa GINOO, dumti ninyo ang dautan"* (Mga Salmo 97:10), ug nagtudlo kanato nga *"Ang pagkahadlok sa GINOO maoy pagdumot sa dautan"* (Mga Proberbio 8:13).

Kung imong mabination nga gihigugma ang usa ka tawo, imong magustohan kung unsay magustohan nianang tawhana ug imong dili magustohan ang kung unsay dili magustohan nianang tawhana. Dili ka magkinahanglan og rason para niini. Kung ang mga anak sa Dios, nga midawat sa Espiritu Santo, magbuhat og mga sala ang Espiritu Santo diha kanila mag-agulo. Busa, sa ilang mga kasingkasing sila adunay diwa nga kasakit. Unya ilang maamgohan nga nagdumot ang Dios sa katong mga butanga nga ilang gibuhat, ug sila dili na magsulay og buhat sa mga sala og usab. Kini mahinungdanon nga sulayan nga isalikway ang bisan magagmay nga dagway sa dautan ug dili na dawaton ang bisan unsa pang dugang nga mga kadautan.

Paghatag og Pulong sa Dios ug Pag-ampo

Ang dautan usa ka ingon nga walay pulos nga butang. Ang Mga Proberbio 22:8 nagsulti nga, *"Kadtong magapugas ug kasalanan nagaani ug kalisdanan."* Ang mga sakit mahimong moanha diha kanato o sa atong mga anak, o mahimo kitang mangatubang og mga aksidente. Mahimo kitang mabuhi sa kasubo tungod sa kakabus ug mga problema sa pamilya. Kining tanan nga mga problema, human sa tanan, naggikan sa dautan.

Ayaw kamo palimbong, ang Dios dili mabiaybiay; kay bisan unsay igapugas sa tawo, mao usab kana ang iyang pagaanihon (Mga Taga-Galacia 6:7).

Lagi, ang mga kasamok mahimong dili makita dayon sa atubangan sa atong mga mata. Niining kasoha, kung ang dautan matapok na sa tino nga gidak-on, kini mahimong makaingon og mga problema nga makaapekto sa atong mga anak sa ulahi. Kay ang kalibutanon nga mga katawohan wala masayod niining klase sa mando, sila nagbuhat og daghang dautan nga mga butang sa daghan nga nagkalain-laing mga paagi.

Panaglitan, ila kining hunahunaon nga normal nga manimalos batok sa katong nagdaut kanila. Apan ang Mga Proberbio 20:22 nagsulti nga, *"Dili ka mag-ingon, 'Ako mobalus sa dautan'; humulat ka sa GINOO, ug Siya magaluwas kanimo."*

Ang Dios ang nagdumala sa kinabuhi, kamatayon, kabahandi ug kapobre sa katawohan sumala sa Iyang paghukom. Busa, kung kita magbuhat og maayo sumala sa Pulong sa Dios, tino nga kita magapugas sa mga bunga sa kamaayo. Kini mao sa gisaad sa Exodo 20:6, kung hain nagsulti nga, *"...ug nagapakita Ako sa mahigugmaong kalolot alang sa linibo kanila nga nahigugma Kanako, ug nagabantay sa Akong mga sugo."*

Aron nga mabantayan ang atong mga kaugalingon gikan sa dautan, kinahanglan kanatong kadumtan ang dautan. Ug sa ibabaw niana, kinahanglan kanatong mag-angkon sa duha ka mga butang sa igo nga gidaghanon sa tanang panahon. Sila mao ang Pulong sa Dios ug pag-ampo. Kung kita mamalandong sa Pulong sa Dios adlaw ug gabii, mahimo kanatong pagulaon ang dautan nga mga hunahuna ug mag-angkon og espirituhanon ug maayo nga mga hunahuna. Mahimo kanatong masayod kung unsang klase sa lihok ang tinuod nga gugma.

Usab, sa atong pag-ampo, magpamalandong kita og mas halawom sa Pulong, aron nga atong maamgohan ang dautan sa atong mga pulong ug mga buhat. Kung kita madilaabon nga mag-ampo kauban sa katabang sa Espiritu Santo, mahimo kanatong mabuntog ug masalikway ang dautan gikan sa atong mga kasingkasing. Atong dali nga isalikway ang dautan gamit ang Pulong sa Dios ug pag-ampo aron nga mahimo kitang mabuhi sa usa ka kinabuhi nga napuno sa kalipay.

10. Ang Gugma Wala Magakalipay sa Mga Buhat nga Dili Matarung

Sa mas samot nga gipalambo ang usa ka sosyedad, mas samot ang higayon para sa matinud-anon nga mga tawo nga magmalamposon. Sa sukwahi, ang kubos nga gipalambo nga mga nasud lagmit nga mas daghang korapsiyon, ug ang halos bisan unsang butanga mahimong makuha o mabuhat gamit ang kuwarta. Ang korapsiyon gitawag nga sakit sa mga nasud, kay kini adunay kalabotan sa kauswagan sa nasud. Ang korapsiyon ug ang dili pagkamatarung nag-apekto sab sa mga kinabuhi sa mga indibiduwal sa daku nga gidak-on. Ang mga hakog nga katawohan dili makakuha og tinuod nga katagbaw kay sila naghunahuna lang mahitungod sa ilang mga kaugalingon ug sila dili makahigugma sa uban.

Ang dili mangalipay sa mga buhat nga dili matarung ug dili magma-aligotguton kaanggid gayud. 'Ang dili magma-aligoguton' mao ang dili pag-angkon og bisan unsang dagway sa dautan diha sa kasingkasing. 'Ang dili mangalipay sa mga buhat nga dili matarung' mao ang dili pagkahimuot sa makauulaw ug kaulawan nga mga pamatasan, mga lihok o mga panggawi, ug kini dili mosalmot kanila.

Kunohay ikaw nasina sa usa ka abyan nga datu. Dili sab kanimo siya gusto kay tungod morag siya kanunay nga nagpagawal sa iyang bahandi. Ikaw naghunahuna sab sa usa ka butang nga morag, 'Siya datu kaayo, ug unsa man ko? Akong gilaum nga mabangkaruti siya.' Kini mao ang paghunahuna og dautan nga mga butang. Apan usa ka adlaw, ang usa ka tawo nangilad kaniya, ug ang iyang kompaniya nabangkaruti sa usa lang ka adlaw. Nganhi, kung ikaw nagkalipay niini nga naghunahuna, 'Siya nagpagawal sa iyang bahandi, busa maayo kana kaniya!' nan kini usa ka pangalipay o pagkahimuot sa buhat nga dili matarung. Dugang pa, kung ikaw mosalmot niining klase sa buhat, kini mao ang aktibo nga pagpangalipay sa buhat nga dili matarung.

Adunay dili pagkamatarung sa kasagaran, kung hain bisan pa ang mga dili tumuluo naghunahuna og dili matarung. Pananglitan, ang pipila ka mga katawohan dili matinud-anon nga magtapok sa ilang bahandi pinaggig pagpanikas o paghulga sa uban gamit ang puwersa. Ang usa mahimong mobali sa mga regulasyon o mga balaod sa nasud ug modawat sa usa ka butang sa baylo para sa iyang personal nga kakuhaan. Kung ang usa ka hukom maghatag og usa ka dili matarung nga sentensiya pagkahuman og dawat og mga hiphip, ug ang usa ka inosente nga tawo ang masilotan, kini usa ka buhat nga dili matarung sa pananaw sa tanang tawo. Kini mao ang dili husto nga paggamit sa awtoridad isip nga usa ka hukom.

Kung ang usa ka tawo nagbaligya og usa ka butang, mahimo siyang manikas sa gidaghonon o sa kalidad. Mahimo siyang mogamit og barato ug ubos-nga-kalidad sa hilaw nga mga materyales aron nga makakuha og sobrang ganansiya. Sila wala maghunahuna sa uban apan sa ila lang kaugalingong mubo-nga-panahon nga benepisyo. Nasayod sila kung unsay husto, apan sila dili magduhaduha sa pagpanikas sa uban kay sila nangalipay sa kuwarta nga dili matarung. Aduna sa katinuoran daghan kaayong mga katawohan nga nanikas sa uban para sa dili matarung nga mga kakuhaan. Apan unsa man kita? Mahimo ba natong masulti nga kita hinlo?

Kunohay adunay usa ka butang sama sa masunod ang nahitabo. Usa ka kasibil nga trabahante, ug nakahibalo ka nga ang usa sa imong suod nga mga abyad ilegal nga nagpangita og dakung kantidad sa kuwarta sa pipila ka mga negosyo. Kung siya madakpan, siya mapintas nga pagasilotan, ug kining abyan naghatag kanimo og daku nga kantidad sa kuwarta para mohilom ug dili tagdon kini sa kadiyot. Siya nagsulti nga maghatag og daku pa kaayo nga kuwarta sa ulahi. Sa samang panahon ang imong pamilya adunay usa ka emerhensiya ug ikaw nagkinahanglan og daku kaayo nga kantidad sa kuwarta. Karon, unsa man ang imong buhaton?

Atong handurawon ang usa pa ka sitwasyon. Usa ka adlaw, imong giusisa ang imong deposito sa bangko, ug aduna ka'y mas sobrang kuwarta kaysa imong gihunahuna nga aduna ka. Imong nahibaloan nga ang kantidad nga kinahanglan mabalhin isip nga buhis nga wala makuha. Niining kasoha, unsa man ang imong ilihok? Mangalipay ba ka nga naghunahuna nga kini ilang sayop ug dili imong responsibilidad?

Ang 2 Mga Cronicas 19:7 nagsulti nga, *"Busa karon himoa nga ang pagkahadlok sa GINOO moanha sa ibabaw kaninyo; pamati ug buhata kana, kay walay kadautan sa GINOO nga atong Dios, ni may pagpasulabi sa mga tawo, ni may pagdawat sa mga hiphip."* Ang Dios matarung; Siya wala gayuy dili kamatarung. Mahimo kitang matabunan gikan sa mga mata sa katawohan, apan dili kita makapanikas sa Dios. Busa, bisan lang sa kahadlok sa Dios, kinahanglan kanatong mosubay sa husto nga dalan kauban ang pagkamatinud-anon.

Hunahunaa ang kaso ni Abraham. Sa kaniadtong ang iyang pag-umangkon sa Sodoma gidakup sa pagkiggubat, gidakup og usab ni Abraham dili lang ang iyang pag-umangkon apan usab ang mga katawohan nga gidakup ug ang ilang mga kabtangan. Ang hari sa Sodoma gustong magpakita sa iyang pagkamapasalamaton pinaagi sa paghatag og balik kang Abraham sa pipila ka mga butang nga iyang gidala og balik sa hari, apan si Abraham dili modawat.

Ug mitubag si Abraham sa hari sa Sodoma, "Gibayaw ko ang akong kamot sa GINOO Dios nga Labing Labaw, nga tag-iya sa langit ug sa yuta, nga ako dili mokuha bisan sa usa ka lugas nga hilo ni sa higot sa usa ka sapin ni sa tanan nga mga imo, aron ikaw dili makaingon, 'Ako ang nagpadato kang Abraham'" (Genesis 14:22-23).

Sa kaniadtong namatay ang iyang asawa nga si Sara, ang tag-iya sa yuta mitanyag kaniya og lubnganan nga yuta, apan siya wala modawat. Siya mibayad lang sa saktong presyo. Kini aron nga walay mahitabo nga panaglalis sa umaabot mahitungod sa yuta. Iyang gibuhat ang unsang iyang gibuhat kay siya usa ka matinud-anon nga tawo; dili siya gustong modawat sa bisan unsang dili takus nga kakuhaan o dili matarung nga ganansiya. Kung siya nagpangita og kuwarta mahimo lang unta kaniyang sundon kung unsa'y mas mapuslanon para kaniya.

Ang katong nahigugma sa Dios ug gihigugma sa Dios dili magdaut sa bisan kinsa o magpangita sa ilang kaugalingong benepisyo pinaagi sa paglapas sa balaod sa nasud. Sila dili magdahom og bisan unsang butang nga sobra sa kung unsa'y takus nga kanilang makuha pinaagi sa ilang matinud-anon nga trabaho. Ang katong nangalipay sa ilang dili pagkamatarung walay gugma para sa Dios o para sa ilang mga silingan.

Dili Pagkamatarung sa Panan-aw sa Dios

Ang dili pagkamatarung diha sa Ginoo gamay nga lahi gikan sa dili pagkamatarung sa kasagaran nga konteksto. Dili lang kini nga maglapas sa balaod ug makaingon og kagusbatan sa uban, apan ang bisan unsa ug matag sala nga batok sa Pulong sa Dios. Kung ang dautan diha sa kasingkasing mogawas sa usa ka tino nga dagway, kini usa ka sala, ug kini mao ang dili pagkamatarung. Sa tanang daghang mga sala, ang dili pagkamatarung hilabi nga nagpasabot sa mga buhat sa unod.

Kana mao ang, kadumot, kasina, panibugho, ug ubang mga dautan diha sa kasingkasing nga mabuhat sa lihok isip nga pag-away, pakiglalis, pagkabayolente, pangilad, o pagpatay. Ang Biblia nagsulti kanato nga kung kita magbuhat og dili pagkamatarung, kini lisud bisan pa nga maluwas.

Ang 1 Mga Taga-Corinto 6:9-10 nagsulti nga, *"Nasayud ba kamo nga ang mga dili matarung dili makapanunod sa gingharian sa Dios? Ayaw kamo pagpalimbong; walay mga makihilawason, o mga tigsimba ug mga diosdios, o mga mananapaw, o mga bayot, o mga kawatan, o mga dalo, o mga palahubog, o mga tigpasipala, o mga tulisan, nga makapanunod sa gingharian sa Dios."*

Si Achan usa sa mga katawohan nga nahigugma sa dili pagkamatarung nga misangpot sa iyang kalaglagan. Siya usa sa ikaduhang henerasyon sa Exodo ug sukad pagkabata iyang nakita og nadungog ang mahitungod sa mga butang nga gibuhat sa Dios para sa iyang katawohan. Iyang nakita ang haligi nga panganod sa adlaw ug ang haligi nga kalayo sa gabii nga miggiya kanila. Iyang nakita ang pag-undang sa pagbaha sa Suba sa Jordan ug ang mapukan nga siyudad sa Jericho natumba sa kadali. Nahibaloan sab kaniya og pag-ayo ang mahitungod sa sugo sa lider nga si Josue nga walay bisan kinsa ang magkuha og bisan unsang butanga nga anaa sa siyudad sa Jericho, kay sila igahalad sa Dios.

Apan sa dihang iyang makita ang mga butang nga anaa sa siyudad sa Jericho, nawala kaniya ang iyang mga diwa tungod sa kahakog. Pagkahuman og kabuhi sa usa ka uga nga kinabuhi sa taas kaayo nga panahon sa awa-aw, ang mga butang sa siyudad maanyag kaayo tan-awon para kaniya. Sa dihang iyang nakita ang maanyag nga mga sapaw ug ang mga piraso sa bulawan ug pilak, iyang nakalimtan ang Pulong sa Dios ug ang sugo ni Josue ug gitagoan sila para sa iyang kaugalingon.

Tungod niining sala ni Achan pinaagi sa paglapas sa sugo sa Dios, nakaagom og daghang mga naangol sa sunod nga pakiggubat. Kini pinaagi sa mga pagkawala nga ang dili pagkamatarung ni Achan gipadayag, ug siya ug ang iyang pamilya gibato hangtud mamatay. Ang mga bato nahimog mohon ug kining dapit gitawag nga Walog sa Angkla.

Usab, tan-awa ang Numeros kapitulo 22-24. Si Balaam usa ka tawo nga mahimong makig-istorya sa Dios. Usa ka adlaw, si Balak, ang hari sa Moab misugo kaniya nga ipanunglo ang mga katawohan sa Israel. Busa, ang Dios miingon kang Balaam, *"Dili ka mag-uban kanila; dili ka magtunglo sa katawohan, kay gipanalanginan sila"* (Numeros 22:12).

Pagkahuman og dungog sa Pulong sa Dios mibalibad si Balaam nga tubagon ang hangyo sa hari sa Moab. Apan sa kaniadtong gipadal-an siya sa hari og bulawan ug pilak ug daghang mga bahandi, ang iyang pangisip napiog. Sa ulahi, ang iyang mga mata nabulagan sa mga bahandi, ug iyang gitudloan ang hari nga magbutang og usa ka lit-ag sa atubangan sa mga katawohan sa Israel. Unsa man ang salangpotan? Ang mga anak nga lalaki sa Israel mikaon sa pagkaon nga gisakprisyo sa mga diosdios ug mibuhat og panapaw busa nagdala kanila ug daku nga kasakitan, ug si Balaam sa ulahi gipatay pinaagi sa espada. Kini mao ang salangpotan sa paghigugma sa dili matarung nga kakuhaan.

Ang dili pagkamatarung direkta nga may kalabotan sa kaluwasan sa panan-aw sa Dios. Kung atong makita ang mga igsoon sa pagtoo nga naglihok sa dili pagkamatarung sama sa mga tumuluo sa kalibutan, unsa man unta ang atong buhaton? Lagi kinahanglan kanato silang pagbangutan, mag-ampo para kanila, ug tabangan sila nga mabuhi sumala sa Pulong. Apan ang pipila ka mga tumuluo masina niadtong mga katawohan nga naghunahuna nga, 'Gusto sab kanakong magdala ug mas sayon ug mas komportable nga Kristohanon nga kinabuhi sama kanila.' Dugang pa, kung mosalmot ka kanila, dili kanato masulti nga imong gihigugma ang Ginoo.

11. Ang Gugma Nagakalipay sa Mga Butang nga Matinud-anon

Si Juan, usa sa dose ka mga disipolo ni Hesus, naluwas gikan sa pagkamartir ug nabuhi hangtud siya namatay sa katigulangon nga nagkatap sa Maayong Balita ni Hesukristo ug kabubut-on sa Dios sa daghang mga katawohan. Usa sa mga butang nga iyang gikalipayan sa iyang ulahi nga mga tuig mao nga madungog nga ang mga tumuluo nagsulay nga mabuhi sa Pulong sa Dios, ang kamatuoran.

Siya miingon nga, *"Gikalipay ko gayud ug daku ang pag-abut sa mga igsoon ug ang ilang panghimatuod sa pagkamatinuoron sa imong kinabuhi, maingon nga sa pagkatinuod ikaw nagasubay man sa kamatuoran. Wala na akoy kalipay nga molabaw pa niini, nga mao ang pagpakadungog nga ang akong mga anak nanagsubay sa kamatuoran"* (3 Juan 1:3-4).

Atong makita kung unsa ka daku ang iyang kalipay gikan sa pagpadayag nga, 'Gikalipay ko gayud'. Sa una siya mainiton kaayo og ulo nga gitawag gani siya nga anak sa dalugdog sa katong siya batan-on pa, apan pagkahuman kaniyang pagbag-o, siya gitawag nga apostol sa gugma.

Kung atong gihigugma ang Dios, dili kanato buhaton ang dili pagkamatarung, ug dugang pa, atong buhaton ang kamatuoran. Kita sab mangalipay sa butang nga matinud-anon. Ang kamatuoran nagpasabot kang Hesukristo, sa Maayong Balita ug sa tanang 66 ka mga libro sa Biblia. Ang katong nahigugma sa Dios ug gihigugma Kaniya tino nga mangalipay kang Hesukristo ug sa Maayong Balita. Sila mangalipay kung ang gingharian sa Dios mapadaku. Karon unsa man kini ang kahulogan sa nagakalipay sa mga butang nga matinud-anon?

Una, kini mao ang nagakalipay sa 'Maayong Balita'.

Ang 'Maayong Balita' mao ang maayong balita nga kita naluwas pinaagi kang Hesukristo ug mopadulong ngadto sa langitnong gingharian. Daghang mga katawohan ang nangita sa kamatuoran nga nangutana sa ingon nga mga panguta nga, 'Unsa man ang katuyoan sa kinabuhi?' Aron nga makuha ang mga tubag niining mga pangutana, sila nagtuon og mga ideya ug pilosopiya, o nagsulay sila nga magkuha og mga tubag pinaagi sa nagkadaiya nga mga relihiyon. Apan ang kamatuoran mao si Hesukristo, ug walay bisan kinsa ang makapadulong sa Langit kung wala si Hesukristo. Mao kana nganong miingon si Hesus nga, *"Ako mao ang dalan, ug ang kamatuoran, ug ang kinabuhi; walay bisan kinsa nga makaadto sa Amahan, gawas kon pinaagi Kanako"* (Juan 14:6).

Atong gidawat ang kaluwasan ug nakaangkon og kinabuhing dayon pinaagi sa pagdawat kang Hesukristo. Kita napasaylo sa atong mga sala pinaagi sa dugo sa Ginoo ug kita nabalhin gikan sa Impiyerno ngadto sa Langit. Ato na karong nasayran ang kahulogan sa kinabuhi ug mabuhi sa usa ka bilihon nga kinabuhi. Busa, kini usa ka butang nga natural lang kaayo kanato nga mangalipay sa Maayong Balita. Ang katong nagakalipay sa Maayong Balita makugihon sab nga ihatud kini sa uban. Ilahang tumanon ang gikahatag-sa-Dios nga mga katungdanan kanila ug matinumanon nga magtrabaho aron nga ikatap ang Maayong Balita. Usab, sila nagakalipay kung madungog sa mga kalag ang

Maayong Balita ug modawat sa kaluwasan pinaagi sa pagdawat sa Ginoo. Sila nagakalipay kung ang gingharian sa Dios mapadaku. *"[Ang Dios] nagatinguha nga ang tanang mga tawo mangaluwas unta ug managpakakab-ot sa kahibalo sa kamatuoran"* (1 Kang Timoteo 2:4).

Adunay pipila ka mga tumuluo, bisan pa niana, nga nanibugho sa uban kung sila magpasangyaw sa daghang mga katawohan ug magbunga og dakung bunga. Ang pipila ka mga iglesia nanibugho sa ubang mga iglesia kung ang ubang mga iglesia magtubo ug maghatag og himaya sa Dios. Kini dili mao ang nagakalipay sa mga butang nga matinud-anon. Kung kita adunay espirituhanon nga gugma diha sa atong kasingkasing, kita nagakalipay kung atong makita ang gingharian sa Dios nga dakung natuman. Kita tingub nga mangalipay kung atong makita ang usa ka iglesia nga nagtubo ug gihigugma sa Dios. Kini mao ang nagakalipay sa mga buhat nga matinud-anon, kung hain mao ang nagakalipay sa Maayong Balita.

Ikaduha, ang nagakalipay sa mga butang nga matinud-anon nagkahulogan nga nagakalipay sa tanang butang nga paghisakop sa kamatuoran.

Kini mao nga nagakalipay sa pagkakita, pagkadungog, ug pagbuhat sa mga butang nga paghisakop sa kamatuoran, ingon sa kamaayo, gugma, ug katarung. Ang katong nagakalipay sa mga butang nga matinud-anon mairog ug mohilak sa pagkadungog mahitungod sa bisan magagmay nga maayong mga binuhatan. Sila nagakompisal nga ang Pulong sa Dios mao ang kamatuoran ug kini mas matam-is kaysa dugos gikan sa udlan sa dugos. Busa, sila nagakalipay sa pagpaminaw sa mga sermon ug pagbasa sa Biblia. Dugang pa, sila nagakalipay sa pagbuhat sa Pulong sa Dios. Sili malipayon nga magtuman sa Pulong sa Dios nga nagsulti kanato nga 'magsilbi, masayod, ug magpasaylo' bisan sa katong naghatag kanato og kalisdanan.

Gihigugma ni David ang Dios ug gusto kaniyang magtukod sa Templo sa Dios. Apan wala siya tugoti sa Dios. Ang rason nahisulat sa 1 Mga Cronicas 28:3. *"Dili ka magtukod ug usa ka balay alang sa ngalan Ko, tungod kay ikaw usa ka tawo sa gubat, ug nakapatulo sa dugo."* Dili kini malikayan ni David nga magpatulo og dugo kay siya niadto sa daghang pakiggubat, apan sa panan-aw sa Dios si David dili takus nga buhaton kanang buluhaton.

Dili ni David mapatukod ang Templo sa iyang kaugalingon apan siya niandam sa tanang mga konstruksiyon nga materyales aron nga ang iyang anak nga si Solomon ang magtukod niini. Giandam ni David ang mga materyales sa tanan kaniyang kusog, ug ang pagbuhat lang niana labaw nga nagpaligay kaniya. *"Unya ang katawohan nangalipay tungod niana sila nanghatag sa kinabubut-on, tungod kay uban sa usa ka hingpit nga kasingkasing sila nanghatag sa GINOO sa kinabubut-on, ug si David nga hari nalipay usab sa usa ka dakung kalipay"* (1 Mga Cronicas 29:9).

Sama niini, ang katong nagakalipay sa mga butang nga matinud-anon nagakalipay kung ang ubang mga katawohan maayo ang kahimtang. Sila dili manibugho. Dili kini mahanduraw para kanila nga maghunahuna og dautan nga mga butang ingon sa, 'usa ka butang ang dili maayo nga mahitabo nianang tawhana,' o magpangita og katagbawan tungod sa kasubo sa ubang katawohan. Kung sila makakita og dili matarung nga nahitabo, sila magkasubo tungod niini. Usab, ang katong nagakalipay sa mga butang nga matinud-anon mahimong mahigugma kauban ang kamaayo, nga adunay walay pagbag-o nga kasingkasing, ug kauban ang pagkamatuod ug integridad. Sila nagakalipay sa maayong mga pulong ug maayong mga buhat. Ang Dios sab nagakalipay sa ibabaw kanila kauban ang mga pag-awit sa kalipay sumala sa gipadayag sa Sofanias 3:17, *"Ang GINOO nga imong Dios anaa sa imong kinataliwad-an, usa nga makagagahum nga magaluwas. Siya magamaya tungod kanimo uban ang kalipay, Siya mopahilum diha sa Iyang gugma, Siya magamalipayon tungod kanimo uban ang pag-awit."*

Bisan pa nga dili ka makapangalipay sa mga butang nga matinud-anon sa tanang panahon, dili ka kinahanglan nga mawad-an sa kasingkasing o mapalaw. Kung imong sulayan ang imong pinakamaayo, ang Dios sa gugma maghunahuna bisan pa nianang paningkamot isip nga 'nagakalipay sa mga butang nga matinud-anon'.

Ikatulo, ang mangalipay sa mga butang nga matinud-anon mao nga magtoo sa Pulong sa Dios ug sulayan nga buhaton kini.

Kini talagsahon ra nga makapangita og usa ka tawo nga nagakalipay lang sa mga butang nga matinud-anon gikan sa sinugdanan. Samtang kita adunay kangitngit ug kabakakan diha kanato, mahimo kitang maghunahuna og dautan nga mga butang o mahimo kitang mangalipay sa dili pagkamatarung, sab. Apan kung kita mausab sa hinayhinay ug isalikway ang tanan kabakakan nga kasingkasing, mahimo kitang hingpit nga mangalipay sa mga butang nga matinud-anon. Hangtud unya, kinahanglan kanatong sulayan og pag-ayo.

Pananglitan, dili ang tanan mabati ang kalipay nga motambong sa pagsimba nga mga pag-alagad. Sa kaso sa mga bagong tumuluo nga adunay mahuyang nga pagtoo, mahimo silang mobati og kakapoy, o ang ilang kasingkasing mahimong anaa sa laing dapit. Mahimo silang maghunahuna mahitungod sa mga resulta sa mga dula nga baseball o tingali sila gikulbaan mahitungod sa negosyo nga panagtabo inig ugma.

Apan ang buhat sa pag-adto sa sangtuwaryo ug pagtambong sa pagsimba nga pag-alagad mao ang paningkamot nga sulayan nga mosunod sa Pulong sa Dios. Kini mao ang pagpangalipay sa mga buhat nga matinud-anon. Nganong magsulay man kita niining paagiha? Kini aron nga madawat ang kaluwasan ug moadto sa Langit. Kay tungod atong nadungog ang Pulong sa kamatuoran ug kita nagtoo sa Dios, nagtoo sab kita nga adunay paghukom, ug kana nga adunay Langit ug Impiyerno. Kay kita nakahibalo nga adunay nagkalain-laing mga balus sa Langit, kita mas kugihan nga sulayan nga mahimong balaan ug magtrabaho nga matinumanon sa tibuok balay sa Dios. Bisan nga dili kita mangalipay sa kamatuoran 100%, kung magsulay kita sa atong pinakamaayo sa atong gidak-on sa pagtoo, kini mao ang pangalipay sa mga butang nga matinud-anon.

Kagutom ug Kauhaw para sa Kamatuoran

Kinahanglan kini natural kaayo para kanato nga mangalipay sa mga butang nga matinud-anon. Ang kamatuoran lang ang nagahatag kanato og kinabuhing dayon ug mahimong bug-os nga mausab kanato. Kung atong madungog ang kamatuoran, kana mao ang Maayong Balita, ug buhaton kini, kita makaangkon og kinabuhing dayon, ug kita mahimong mga tinuod nga anak sa Dios. Kay kita napuno sa paglaum sa langitngong gingharian ug espirituhon nga gugma, ang atong mga nawong magsidlak sa kalipay. Usab, sa gidak-on nga kita mabag-o ngadto sa kamatuoran, kita mangalipay kay kita gihigugma ug gipanalanginan sa Dios, ug usab kita gihigugma sa daghang mga katawohan.

Kinahanglan kita mangalipay sa mga butang nga matinud-anon sa tanang panahon, ug dugang pa, kinahanglan kita adunay kagutom ug kauhaw para sa kamatuoran. Kung ikaw magutom ug mauhaw, gusto kanimong maikagon nga magkagusto og pagkaon ug ilimnon. Kung kita mangandoy para sa kamatuoran, kinahanglan kanatong maikagon nga mangandoy niini aron nga madali kitang mausab ngadto sa usa ka tawo sa kamatuoran. Kinahanglan kitang mabuhi sa usa ka kinabuhi nga kanunay nga nagkaon ug nag-inom sa kamatuoran. Unsa man ang mokaon ug moinom sa kamatuoran? Kini mao nga magbantay sa Pulong sa Dios ang kamatuoran sa atong kasingkasing ug buhaton kini.

Kung kita motindog sa atubangan sa usa ka tawo nga atong gihigugma og pag-ayo, lisud kini nga itago ang kalipay sa atong nawong. Kini pareho kung atong gihigugma ang Dios. Karon, kita dili mahimong makatindog sa atubangan sa Dios nawong sa nawong, apan kung tinuod natong gihigugma ang Dios, kini makita sa gawas. Kana mao nga, kung ato lang makita ug madungog ang usa ka butang mahitungod sa kamatuoran, kita managsadya ug magkalipay. Ang atong malipayon nga mga nawong dili mahimong dili mamatikdan sa mga katawohan sa palibot kanato. Kita mohilak kauban ang pagpasalamat sa paghunahuna lang sa Dios ug sa Ginoo, ug ang atong kasingkasing matandog pinaagi lang sa mga magagmay nga mga binuhatan sa kamaayo.

Ang mga luha nga paghisakop sa kamaayo, ingon sa mga luha sa pagpasalamat ug mga luha sa pagbangotan para sa ubang mga kalag mahimong maanyag nga mga mutya sa ulahi nga idayandayan sa balay sa matag usa sa Langit. Mangalipay kita sa mga butang nga matinud-anon aron nga ang atong mga kinabuhi mapuno sa pagpamatuod nga kita gihigugma sa Dios.

Mga Kinaiya sa Espirituhanon nga Gugma II

6. Kini Dili-Bastos

7. Kini Dili Maakop-akopon

8. Kini Dili Maghagit

9. Kini Dili Maaligutgoton

10. Kini Wala Magakalipay sa Mga Buhat nga Dili Matarung

11. Kini Nagakalipay sa Mga Butang nga Matinud-anon

12. Ang Gugma Mopailub sa Tanang mga Butang

Sa atong pagdawat kang Hesukristo ug pagsulay nga mabuhi pinaagi sa Pulong sa Dios, adunay daghang mga butang nga kinahanglan kanatong magpailob. Kinahanglan kanatong magpailob sa mga sitwasyon nga masuk-anon. Kinahanglan sab kanatong magbuhat og pagpugong sa atong kaugalingon sa ibabaw sa atong kalagmitan nga mosunod sa atong kaugalingong mga pangandoy. Mao kana nganong ang paghulagway sa unang kinaiya sa gugma kini nagsulti nga ang pagka mapailubon.

Ang magpailob mao ang mahitungod sa pakigbisog sulod sa kaugalingon nga masinatian sa usa ka tawo sa iyang pagsulay nga isalikway ang mga kabakakan diha sa kasingkasing. Ang 'pagpailob sa tanang mga butang' adunay mas halapad nga kahulogan. Pagkahuman kanato og pagpaugmad sa kamatuoran diha sa atong kasingkasing pinaagig pagpailob, kinahanglan kanatong magpailob sa tanang mga kasakitan nga mahimong moanha diha sa atong dalan tungod sa ubang katawohan. Sa partikular, kini mao ang pagpailob sa tanang mga butang nga wala mahiuyon sa espirituhanon nga gugma.

Si Hesus nianhi niining yuta aron luwason ang mga makakasala, ug giunsa man siya pagtratar sa mga katawohan? Siya mibuhat lang og maayong mga butang, apan ang mga katawohan mibiaybiay, gipasagdan ug gibaliwala Siya. Sa ulahi gilansang Siya kanila. Bisan pa niana si Hesus sa gihapon mipailob niining tanan gikan sa tanang katawohan ug Siya padayon nga mihalad ug mga pag-ampo sa pagpangaliya para kanila. Siya miampo para kanila, nga nagsulti, *"Amahan, pasayloa sila; kay wala sila makasabut sa ilang ginabuhat"* (Lucas 23:34).

Unsa man ang salangpotan sa pagpailob ni Hesus sa tanang mga butang ug sa paghigugma sa katawohan? Ang bisan kinsa nga modawat kang Hesus isip nga iyang personal nga Manluluwas mahimo na karong madawat ang kaluwasan ug mahimong anak sa Dios. Kita giluwas gikan sa kamatayon ug gibalhin ngadto sa kinabuhing dayon.

Usa ka Koryano nga pulongan nagsulti nga, "Galinga ang usa ka wasay aron makabuhat og usa ka dagom." Kini nagkahulogan nga kauban ang pagpailob ug paghulatay mahimo kanatong matuman ang bisan unsang klase sa lisud nga buluhaton. Unsa kadaghan nga panahon ug paningkamot ang kinahanglan aron nga magaling ang usa ka puthaw nga wasay aron nga makabuhat og usa ka mahait nga dagom? Kini tino nga morag usa ka ingon nga imposible nga buluhaton nga ang usa mahimong maghunahuna nga, "Nganong dili lang kanimo ibaligya ang wasay ug mopalit og mga dagom?"

Apan kinabubut-on nga gikuha sa Dios ang ingon nga kalisud, kay Siya mao ang agalon sa atong espiritu. Ang Dios mahinay sa kasuko ug kanunay nga nagpailob kanato nga nagpakita og kalooy ug mahigugmaong-kalolot tungod lang kay Iya kitang gihigugma. Iyang bagusan ug pasinawon ang mga katawohan ang mga katawohan bisan pa nga ang ilang mga kasingkasing gipagahi sama sa puthaw. Siya magahulat sa bisan kang kinsa aron nga mahimong Iyang tinuod nga anak, bisan pa nga morag Siya'y walay bisan unsang higayon nga mahimong usa.

Dili gani siya mobali bisan sa bagakay nga nabasag na, ni mopalong bisan sa pabilo nga nagakapid-ok na, hangtud padag-on na niya ang hustisya; (Mateo 12:20).

Bisan karong adlawa ang Dios nagpailob sa tanang mga kasakit gikan sa pagkakita sa mga lihok sa mga katawohan ug naghulat para kanato kauban ang kalipay. Siya mipailob sa mga katawohan, nga naghulat para kanila nga mausab pinaagi sa kamaayo bisan pa nga sila naglihok sa kadaut alang sa linibo ka mga tinuig. Bisan pa nga sila mitalikod sa Dios ug misilbi sa mga diosdios, gipakita sa Dios kanila nga Siya mao ang tinuod nga Dios ug mipailob kanila kauban ang pagtoo. Kung ang Dios nagsulti nga, "Napuno ka sa dili pagkamatarung ug ikaw dili na matabangan. Dili na Ako makaagwanta kanimo," unya, unsa man kadaghan nga mga katawohan ang maluwas?

Sama sa gisulti sa Jeremias 31:3, *"Oo, gihigugma ko ikaw sa usa ka gugma nga walay katapusan; busa uban sa mahigugmaong-kalolot gidani ko ikaw,"* Ang Dios nagadala kanato kauban niining walay katapusan, sa kahangtoran nga gugma.

Sa pagbuhat sa akong ministro isip nga usa ka pastor sa usa ka daku nga iglesia, nahimo kanakong masayod niining pagpailob sa Dios sa tino nga gidak-on. Anaay mga katawohan nga adunay daghang mga kasal-anan o mga kakulangan, apan sa pagbati sa kasingkaing sa Dios kanunay ako nga nagtan-aw kanila kauban sa mga mata sa pagtoo nga sila usa ka adlaw mausab ug maghatag og himaya sa Dios. Kay ako nagpailob kanila sa kada panahon ug adunay pagtoo kanila, daghang mga miyembro sa iglesia ang mitubo isip nga maayong mga lideres.

Matag panahon nga madali kanakong kalimtan ang mahitungod sa panahon nga ako nagsugakod para kanila, ug akong nabati nga kini sa kadali lang. Gitala kini sa 2 Pedro 3:8 nga, *"Apan mga hinigugma, ayaw kamo pagpakabuta niining usa ka butang nga tinuod, nga alang sa Ginoo ang usa ka adlaw ingon sa usa ka libo ka tuig, ug ang usa ka libo ka tuig ingon sa usa ka adlaw,"* ug akong masabtan kung unsay kahulogan niining bersikulo. Ang Dios nagpailob sa tanang mga butang alang sa taas kaayo nga panahon apan Siya naghunahuna niadtong mga panahon nga usa lang ka lumalabay nga panahon. Atong amgohon kining gugma sa Dios ug kauban niini atong higugmaon ang tanang tawo sa atong palibot.

13. Ang Gugma Motoo sa Tanang mga Butang

Kung imong tinuod nga gihigugma ang usa ka tawo, motoo ka sa tanang butang nianang tawhana. Bisan pa kung ang kanang tawhana adunay pipila ka mga kakulangan, imo sa gihapon nga sulayan nga magtoo ninanang tawhana. Ang bana ug asawa gibaligtos ug tingub sa gugma. Kung ang magti-ayon walay gugma, kini nagkahulogan nga sila wala magsalig sa usag usa, busa sila mag-away sa matag butang ug sila adunay mga pagduhaduha sa tanang butang mahitungod sa ilang esposo. Sa seryoso nga mga kaso sila adunay mga delusyon sa pagluib ug makaingon og pisikal ug mental nga kasakit sa usag usa. Kung tinuod silang nahigugma sa usag usa sila magsalig sa usag usa og hingpit, ug sila magtoo nga ang ilang esposo usa ka maayo nga tawo ug magbuhat og maayo sa ulahi. Unya, kay sila nagtoo, ang ilang mga esposo mahimong maayo kaayo sa ilang mga propesyon o magmalamposon sa unsang ilang buhaton.

Ang pagsalig ug pagtoo mahimong sukdanan aron matakus ang kalig-on sa gugma. Busa, aron nga bug-os nga magtoo sa Dios mao nga bug-os nga higugmaon Siya. Si Abraham, ang amahan sa pagtoo, gitawag nga usa ka higala sa Dios. Nga walay pagduhaduha si Abraham misunod sa sugo sa Dios nga nagsulti kaniya nga himoon nga halad ang iyang bugtong nga anak nga si Isaac. Iya kining nabuhat kay siya bug-os nga nagtoo sa Dios. Nakita sa Dios kining pagtoo ni Abraham ug giila ang iyang gugma.

Ang gugma mao ang magtoo. Ang katong bug-os nga

nahigugma sa Dios bug-os sab nga magatoo Kaniya. Ilang tuohan ang tanang pulong sa Dios 100%. Ug kay sila nagtoo sa tanang mga butang, sila magpailob sa tanang mga butang. Aron magpailob sa tanang mga butang nga batok sa gugma, kinahanglan kanatong magtoo. Kana mao nga, kung kita magtoo lang sa tanang mga pulong sa Dios, nga mahimo kanatong maglaum sa tanang mga butang ug isirkonsisyon ang atong kasingkasing aron masalikway ang tanang butang nga batok sa gugma.

Lagi, sa mas istrikto nga diwa, dili kini nga kita nagtoo sa Dios kay ato siyang gihigugma gikan sa sinugdanan. Ang Dios mao ang unang naghigugma kanato, ug pinaagi sa pagtoo nianang katinuoran, nahimo kanatong higugmaon ang Dios. Giunsa man sa Dios paghigugma kanato? Siya walay pagpalingkawas nga mihatag sa Iyang bugtong nga Anak para kanato, nga mga makakasala, aron mga maabli ang dalan para sa atong kaluwasan.

Sa una, atong mahimong higugmaon ang Dios pinaagi sa pagtoo niining katinuoran, apan kung atong bug-os nga paugmadon ang espirituhanon nga gugma, makab-ot kanato ang lebel kung asa kita bug-os nga magtoo tungod kita nahigugma. Ang bug-os nga pagpaugmad sa espirituhanon nga gugma nagkahulogan nga ato nang nasalikway ang tanang mga kabakakan diha sa kasingkasing. Kung kita walay kabakakan diha sa atong kasingkasing, kita mahatagan og espirituhanon nga pagtoo gikan sa ibabaw, kung hain kita mahimong magtoo gikan sa giladmon sa atong kasingkasing. Unya, dili na kita gayud magduhaduha sa Pulong sa Dios, ug ang atong pagsalig sa Dios dili gayud mapiog. Usab, kung bug-os kanatong ipaugmad ang espirituhanon nga gugma, atong matuohan ang tanang tawo. Dili kini tungod kay ang mga katawohan masaligan, apan bisan pa sila puno sa mga kasal-anan ug adunay daghang mga kakulangan, ato silang tan-awon gamit ang mga mata sa pagtoo.

Kinahanglan kita andam nga magtoo sa bisan unsang klase sa tawo. Kinahanglan kanatong magtoo sa atong mga kaugalingon, sab. Bisan pa nga kita adunay daghang mga kakulangan, kinahanglan kanatong magtoo sa Dios nga mao ang mousab kanato, ug kinahanglan kanatong tan-awon ang atong mga kaugalingon gamit ang mga mata sa pagtoo nga sa dili madugay kita mabag-o. Ang Espiritu Santo kanunay nga nagsulti kanato diha sa atong kasingkasing, "Mahimo kini kanimo. Tabangan Ko ikaw." Kung ikaw magtoo niining gugma ug magkompisal nga, "Ako maayong makabuhat, mahimo kanakong mausab," nan ang Dios magatuman niini sumala sa imong kompisal ug pagtoo. Unsa kamaanyag kini nga magtoo!

Ang Dios nagtoo sab kanato. Siya mitoo nga ang kada usa kanato mahimong mahibaloan ang gugma sa Dios ug makaadto sa dalan sa kaluwasan. Kay siya nagtan-aw sa tanan kanato gamit ang mga mata sa pagtoo Siya walay pagpalingkawas nga gisakprisyo ang Iyang bugtong nga Anak, si Hesus, sa krus. Ang Dios nagtoo nga ang bisan katong wala pa nakaila o nagtoo sa Ginoo maluwas ug moadto sa kiliran sa Dios. Siya nagtoo nga ang katong midawat na nga daan sa Ginoo mabag-o ngadto sa klase sa mga anak nga kaanggid sa Dios og pag-ayo. Atuang tuohan ang bisan unsang klase sa tawo kauban kining gugma sa Dios.

14. Ang Gugma Molaum sa Tanang mga Butang

Gisulti kini nga ang masunod nga mga pulong nahisulat sa usa sa mga lapida sa Westminster Abbey sa UK, "Sa panahon sa akong pagkabatan-on gusto kanakong mabag-o ang kalibutan apan dili makahimo. Sa tunga-tunga nga edad akong gisulayan nga mabag-o ang akong pamilya apan dili makahimo. Sa padulong lang sa akong kamatayon nga akong naamgohan mahimo unta kanakong mabag-o katong tanang mga butanga kung ako nagbag-o lang."

Sa kasagaran, ang mga katawohan magsulay nga bag-ohon ang usa ka tawo kung dili kanila gusto ang usa ka butang mahitungod nianang tawhana. Apan kini halos imposible nga bag-ohon ang ubang katawohan. Ang pipila ka mga magti-ayon mag-away sa ingon nga ginagmay nga mga butang sama sa pagpislit sa tooth paste gikan sa tumoy o gikan sa lubot. Kinahanglan una kanatong bag-ohon ang atong mga kaugalingon usa kanatong sulayan nga bag-ohon ang uban. Ug unya kauban ang gugma para kanila, makahulat kita para sa uban nga mausab, nga tinuod nga naglaum nga sila mausab.

Ang maglaum sa tanang butang mao nga magkahidlaw ug maghulat para sa tanang butang nga imong gituohan nga mahimong tinuod. Kana mao nga, kung atong gihigugma ang Dios, atong tuohan ang tanang Pulong sa Dios ug maglaum nga ang tanang butang mabuhat sumala sa Iyang Pulong. Ikaw naglaum para sa mga adlaw kung kanus-a imong mapa-ambit ang gugma kauban ang Dios nga Amahan sa kahangtoran sa maanyag nga langitnong gingharian. Mao kana nganong mopailob ka sa tanang mga butang aron nga madagan ang imong palumba sa pagtoo. Apan, unsa man kung walay paglaum?

Ang katong wala nagtoo sa Dios walay paglaum para sa langitnong gingharian. Mao kana nganong sila nabuhi lang sumala sa ilang mga pangandoy, kay sila walay paglaum para sa umaabot. Sila nagsulay nga magkuha og mas daghang mga butang ug nakigbisog aron matuman ang ilang kahakog. Apan bisan unsang kadaghan ang anaa diha kanila ug gipangalipayan, sila dili makakuha og tinuod nga katagbaw. Sila mabuhi sa ilang mga kinabuhi kauban ang kahadlok mahitungod sa umaabot.

Sa pikas nga bahin, ang katong nagtoo sa Dios naglaum sa tanang mga butang, busa sila magkuha sa mapig-ot nga dalan. Nganong mosulti man kita niini nga usa ka mapig-ot nga dalan? Kini nagkahulogan nga mapig-ot kini sa panan-aw sa mga dili tumuluo sa Dios. Sa atong pagdawat kang Hesukristo ug mahimong mga anak sa Dios, kita magpabilin sa iglesia sa tibuok adlaw kada Domingo nga nagtambong sa pagsimba nga mga pag-alagad, nga dili magkuha og bisan unsang porma sa sekular nga kalipay. Kita magtrabaho para sa gingharian sa Dios sa mga boluntaryo nga mga trabaho ug mag-ampo aron mabuhi pinaagi sa Pulong sa Dios. Ang ingon nga mga butang lisud buhaton kung walay pagtoo, ug mao kana nganong kita magsulti niini nga usa ka mapig-ot nga dalan.

Sa 1 Mga Taga-Corinto 15:19 ang apostol nga si Pablo nagsulti nga, *"Kon niini rang kinabuhia may paglaum kita kang Kristo, nan, sa tanang mga tawo kita mao ang labing takus pagakaloy-an."* Sa unodnon lang nga panan-aw, ang kinabuhi sa pagpailob ug lisud nga trabaho morag mabug-at. Apan kung kita naglaum sa tanang mga butang, kining dalan mas malipayon nga dalan kaysa bisan unsang dalan. Kung kita kauban sa katong atong hinigugma og pag-ayo, kita magmalipayon bisan anaa sa usa ka masan-ot nga balay. Ug sa paghunahuna sa katinuoran nga kita mabuhi kauban ang pinalangga nga Ginoo sa kahangtoran sa Langit, unsa kaha kita ka malipayon! Kita naghikab-hikab ug malipayon sa paghunahuna lang niini. Niining paagi, kauban ang tinuod nga gugma kita walay kausaban nga maghulat ug maglaum hangtud ang tanang butang nga atong gituohan mahimong tinuod.

Ang pagpa-abot sa tanang butang kauban ang pagtoo makagagahum. Pananglitan, atong ingnon nga ang usa sa imong mga anak nahisalaag ug wala gayud nagtuon. Bisan pa kining bataa, kung ikaw nagtoo kaniya nga nagsulti nga iya kining mahimo, ug tan-awon siya gamit ang mga mata sa paglaum nga siya mausab, siya mahimong mausab ngadto sa maayo nga anak sa bisan unsang panahona. Ang pagtoo sa mga ginikanan sa mga anak magpagana sa kalamboan ug pagsalig-sa-kaugalingon sa mga anak. Ang katong mga anak nga adunay pagsalig-sa-kaugalingon adunay pagtoo nga sila makabuhat sa bisan unsang butang; sila mahimong makabuntog sa mga kalisdanan, ug ang ingon nga mga kinaiya aktuwal nga naga-apekto sa ilang akademiko nga kahimoan.

Kini sama sa kung kita mag-atiman sa mga kalag sa sulod sa iglesia. Sa bisan unsang kasoha, kinahanglan dili kita moambak sa mga konklusyon mahitungod sa bisan kinsa nga tawo. Kinahanglan dili kita magapaluya nga naghunahuna nga, 'Morag lisud kiini kaayo para nianang tawhana nga mausab,' o 'siya mao sa gihapon.' Kinahanglan kanatong tan-awon ang tanang tawo gamit ang mata sa paglaum nga sa dili madugay sila mausab ug matunaw pinaagi sa gugma sa Dios. Kinahanglan kanatong magpadayon sa pag-ampo para kanila ug awhagon sila nga nagsulti ug nagtoo nga, "Mahimo kini kanimo!"

15. Ang Gugma Moantus sa Tanang mga Butang

Ang 1 Mga Taga-Corinto 13:7 nagsulti nga, *"Ang [gugma] mopailob sa tanang mga butang, motoo sa tanang mga butang, molaum sa tanang mga butang, moantus sa tanang mga butang."* Kung ikaw nahigugma mahimo kanimong maantus ang tanang mga butang. Unya, unsa man kini ang kahulogan sa 'moantus'? Kung kita mopailob sa tanang mga butang nga wala mahiuyon sa gugma, adunay pipila ka kaliwasan gikan niini. Kung adunay hangin sa usa ka linaw o dagat, adunay mga balod. Bisan pa pagkahuman og kalma sa hangin, aduna sa gihapon og mga aliki nga mahabilin. Bisan pa kung kita magpailob sa tanang mga butang, kini dili lang matapus kung kita mahuman og pailob kanila. Adunay pipila ka kaliwasan o mga epekto pagkahuman niini.

Panganglitan, miingon si Hesus sa Mateo 5:39, *"Apan magaingon ako kaninyo, ayaw ninyo pagsukli ang tawong dautan; hinonoa, kon may mosagpa kanimo sa too mong aping, itahan mo kaniya ang pikas usab."* Sumala sa gisulti, bisan pa kung ang usa ka tawo mosagpa kanimo sa too nga aping, dili ka mobawos, apan kini antuson lang. Unya, kini ba mahuman na? Adunay epekto pagkahuman niini. Mag-angkon ka og kasakit. Ang imong aping mosakit, apan ang kasakit nga anaa sa kasingkasing mao ang mas dakung kasakit. Lagi, ang mga katawohan adunay nagkalain-laing mga rason para masinatian ang kasakit diha sa kasingkasing. Ang pipila ka mga katawohan adunay kasakit diha sa kasingkasing tungod sila maghunahuna nga sila gisagpa sa walay rason ug sila nasuko tungod niini. Apan ang uban mahimong adunay kasakit diha sa kasingkasing nga nagbasol nga ilang gipasuko kanang tawhana. Ang pipila mahimong magbasol nga makakita sa usa ka igsoon nga dili makapugong sa iyang kainit, apan nagpadayag niini sa pisikal kaysa hinoon sa mas konstruktibo ug tarung nga paagi.

Ang kaliwasan sa pagpailob sa usa ka butang mahimo sab moabot pinaagi sa gawasnon nga mga sirkumstansiya. Pananglitan, adunay usa ka tawo nga misagpa kanimo sa too nga aping. Busa imo sab iliso ang usa pa sumala sa Pulong. Unya, siya miigo kanimo sa wala nga aping, sab. Mipailob ka niini nga nagsunod sa Pulong, apan ang sitwasyon midaku ug morag misamot pa sa tinuod.

Mao kini ang kaso ni Daniel. Wala siya mikompromiso bisan pa nga nakahibalo siya nga ilabay siya ngadto sa lungga sa mga leon. Tungod kay gihigugma kaniya ang Dios, wala siya gayud miundang og pag-ampo bisan pa sa peligro-sa-kinabuhi nga mga sitwasyon. Usab, wala siya milihok og dautan ngadto sa nagsulay nga mopatay kaniya. Busa, nausab ba ang tanang butang para sa ikamaayo kaniya kay siya nagpailob sa tanang butang sumala sa Pulong sa Dios. Wala. Siya gilabay ngadto sa lungga sa leon!

Mahimo kitang maghunahuna nga ang tanang mga pagsulay mopalayo kung kita magpailob sa mga butang nga wala mahiuyon sa gugma. Unya, unsa man ang rason nganong ang mga pagsulay sa gihapon nagsunod? Kini mao ang probidensiya sa Dios aron nga kita mahimong hingpit ug maghatag kanato og makahibulong nga mga panalangin. Ang mga uma magbunga og himsog ug lig-on nga mga ani pinaagi sa pagpailob sa uwan, hangin, ug makapaso nga sinadlaw. Ang probidensiya sa Dios maong ingon nga kita mogawas isip nga tinuod nga mga anak sa Dios pinaagig mga pagsulay.

Mga Pagsulay ug mga Panalangin

Ang kaaway nga yawa ug si Satanas makabalda sa mga kinabuhi sa mga anak sa Dios kung sila magsulay nga magpuyo diha sa Kahayag. Si Satanas kanunay nga nagsulay nga mangita sa tanang posible nga mga kapasikaran aron nga magsumbong sa katawohan, ug kung sila magpakita og bisan gamay kaayo nga ikasaway, si Satanas aktuwal nga magsumbong kanila. Usa ka pananglit mao kung ang usa ka tawo molihok og kadautan batok kanimo ug ikaw magpailob niini sa gawas, apan sa gihapon adunay dili-maayong pamati sa sulod. Ang kaaway nga yawa ug si Satanas nakahibalo niini ug magdala sa mga sumbong batok kanimo para niadtong mga pamati. Unya, ang Dios magtugot sa mga pagsulay sumala sa sumbong. Hangtud nga kita ilhon nga walay kadaut diha sa kasingkasing, adunay mga pasulit nga gitawag nga 'pagdalisay nga mga pagsulay'. Lagi, bisan pagkahuman kanato og salikway sa tanang mga sala ug mahimong bug-os nga gipabalaan, adunay mga pagsulay. Kining klase sa pagsulay gitugotan aron nga mahatagan kita og mas dakung mga panalangin. Pinaagi niini, dili lang kita magpabilin sa lebel nga dili mag-angkon og dautan apan kita magpaugmad og mas dakung gugma ug mas hingpit nga kamaayo nga walay buling o lama o bisan unsa pa.

Dili lang para sa personal nga mga panalangin; ang parehong prinsipyo nag-aplikar kung kita nagsulay nga matuman ang gingharian sa Dios. Aron nga ang Dios makapakita og dakung mga buhat, ang takus sa eskala sa katarung ang kinahanglan nga makabot. Pinaagi sa pagpakita sa dakung pagtoo ug mga buhat sa gugma, kinahanglan kanatong pamatud-an nga kita adunay sudlanan nga madawat ang tubag, aron nga ang kaaway nga yawa dili makarebenta niini.

Busa, usahay ang Dios magtugot og mga pasulit para kanato. Kung kita mag-antus kauban lang ang kamaayo ug gugma, ang Dios magtugot kanato nga maghatag og mas dakung himaya Kaniya kauban ang mas daku nga kadaogan ug Siya magahatag kanato og mas dakung mga balus. Hilabi na, kung imong mabuntog ang mga paglutos ug mga kalisdanan nga imong madawat para sa Ginoo, sa pagkatinuod ikaw magadawat og dakung mga panalangin. *"Bulahan kamo sa diha nga panamastamasan kamo sa mga tawo ug pagalutoson kamo, ug pagabutangbutangan kamo sa tanang matang sa kadautan batok kaninyo tungod Kanako. Kinahanglan managmaya ug managkalipay kamo, kay daku ang inyong balus didto sa langit; kay sa ingon man niini gilutos sa mga tawo ang mga propeta nga nanghiuna kaninyo"* (Mateo 5:11-12).

Ang Magpailob, Magtoo, Maglaum, ug Mag-antus sa Tanang Mga Butang

Kung ikaw nagtoo sa tanang mga butang ug maglaum sa tanang mga butang kauban ang gugma, mahimo kanimong mabuntog ang bisan unsang klase sa pagsulay. Unya, unsaon man kanatong tino nga magtoo, maglaum, ug mag-antus sa tanang mga butang?

Una, kinahanglan kitang magtoo sa gugma sa Dios hangtud sa katapusan, bisan atol sa mga pagsulay.

Ang 1 Pedro 1:7 nagsulti nga, *"...aron ang pagkatinuod sa*

inyong pagtoo, nga labi pang bililhon kay sa bulawan nga ginasulayan pinaagig kalayo bisan tuod kini madugta ra, mosangpot ngadto sa pagdalayeg ug paghimaya ug pagpasidungog kaninyo inigpadayag na unya kang Hesukristo." Siya magahinlo kanato aron nga kita makaangkon sa mga kwalipikasyon aron nga mahimong mapangalipayan ang pagdayeg ug paghimaya ug pagpasidungog inig kahuman sa atong mga kinabuhi sa ibabaw niining yuta.

Usab, kung kita hingpit nga mabuhi sumala sa Pulong sa Dios nga dili magkompromiso sa kalibutan, mahimo aduna kita'y pipila ka mga higayon kung asa mangatubang kita sa dili matarung nga mga pag-antus. Sa matag panahon, kinahanglan kanatong motoo nga kita nagdawat sa espesyal nga gugma sa Dios. Unya, hinonoa nga madiskurahi, kita magmapasalamaton kay ang Dios nagdala kanato sa mas maayo nga mga puy-anan sa Langit. Usab, kinahanglan kanatong magtoo sa gugma sa Dios, ug kinahanglan kanatong magtoo hangtud sa katapusan. Mahimong adunay mga kasakit sa mga pagsulay sa pagtoo.

Kung ang kasakit mapig-ot ug kini molungtad sa taas nga panahon, mahimo kitang maghunahuna nga, "Nganong wala man ko tabangi sa Dios? Wala na ba Siya nahigugma kanako?" Apan niining mga panahona, kinahanglan kanatong mas tin-aw nga hinumdumon ang gugma sa Dios ug mag-antus sa mga pagsulay. Kinahanglan kanatong magtoo nga ang Dios nga Amahan gustong magdala kanato sa mas maayo nga langitnong mga puy-anan kay gihigugma kita Kaniya. Kung kita mag-antus hangtud sa katapusan, kita sa ulahi mahimong hingpit nga mga anak sa Dios *"Ug mao lamang nga kinahanglan ang pagkamainantuson inyong tugotan sa hingpit nga pagbuhat aron kamo mamahingpit* ug masangkap nga walay makulang" (Santiago 1:4).

Ikaduha, aron nga maantus ang tanang mga butang kinahanglan kanatong magtoo nga ang mga pagsulay mga laktud aron matuman ang atong mga paglaum.

Ang Mga Taga-Roma 5:3-4 nagsulti nga, *"Labaw pa niini, nagakalipay kita bisan sa atong mga kasakit, sanglit nasayud man kita nga ang kasakit mohimog pagkamainantuson; ug ang pagkamainantuson, mohimog kalig-on; ug ang kalig-on mohimog paglaum;"* Ang kasakitan nganhi morag usa ka laktud aron matuman ang atong mga paglaum. Mahimo kang maghunahuna nga, "Oh, kanus-a man ko mausab?" apan kung ikaw mag-antus ug magpadayon sa pag-usab ug pag-usab, nan hinay-hinay ikaw sa ulahi mahimong tinuod nga hingpit nga anak sa Dios nga kaanggid Kaniya.

Busa, kung ang usa ka pagtilaw moabut, kinahanglan dili kanimo likayan kini apan sulayan nga mapasaran kini sa imong pinakamaayong paningkamot. Lagi, kini mao ang balaod sa kinaiyahan ug natural nga pangandoy para sa usa ka tawo nga magkuha sa paagi nga pinakasayon. Apan kung kita magsulay nga mopalayo gikan sa mga pagsulay, ang atong panaw mahimo lang mas madugay. Pananglitan, adunay usa ka tawo nga kanunay ug sa matag butang morag naghatag kanimo og mga problema. Dili ka hayag nga magpakita niini sa gawas, apan aduna ka'y kasambol sa kada tagbo nimo nianang tawhana. Busa, gusto lang kanimo nga likayan siya. Niini nga sitwasyon, kinahanglan dili lang kanimo ibaliwala ang sitwasyon, apan kinahanglan kanimong aktibo nga mabuntog kini. Kinahanglan kanimong antuson ang kalisdanan nga aduna ka kaniya, ug paugmaron ang imong kasingkasing aron nga tinuod nga masabtan ug mapasaylo kanang tawhana. Unya, ang Dios maghatag kanimo og grasya ug ikaw mausab. Sama niini, ang matag usa sa mga pagsulay mahimong mga lakang ug ang laktud sa imong dalan padulong sa pagtuman sa imong mga paglaum.

Ikatulo, aron nga maantus ang tanang mga butang, kinahanglan kita magbuhat lang og maayo.

Kung mangatubang og mga epekto pagkahuman, bisan pa pagkahuman og pag-antus sa tanang mga butang sumala sa Pulong sa Dios, kasagaran ang mga katawohan magreklamo batok sa Dios. Sila magreklamo nga nagsulti nga, "Nganong wala man nausab ang sitwasyon bisan pagkahuman og paglihok pinaagi sa Pulong?" Ang tanang mga pagsulay sa pagtoo gidala sa kaaway nga yawa ug ni Satanas. Kana mao nga, ang mga pasulit ug mga pagsulay mao ang mga pakig-away taliwala sa maayo ug sa dautan.

Aron madaug ang kadaogan niining espirituhanon nga pakig-away, kinahanglan kanatong mag-away sumala sa mga mando sa espirituhanon nga ginsakpan. Ang balaod sa espirituhanon nga ginsakpan mao nga ang kamaayo sa ulahi ang modaug. Ang Mga Taga-Roma 12:21 nagsulti nga, *"Ayaw pagpadaug sa dautan, hinonoa dag-a ang dautan pinaagi sa maayo."* Kung kita molihok sa kamaayo niining paagiha, kini morag nangatubang kita og kawad-an ug kita mapildi nianang panahona, apan sa katinuoran, kini mao ang sukwahi. Kini tungod kay ang matarung ug maayo nga Dios nagdumala sa tanang kabahandi, kaprobre, ug kinabuhi ug kamatayon sa katawohan. Busa, kung kita mangatubang sa mga pasulit, mga pagsulay, ug mga paglutos, kinahanglan kitang molihok sa kamaayo lang.

Sa pipila ka mga kaso adunay mga tumuluo nga nangatubang og mga paglutos gikan sa ilang dili tumuluo nga mga miyembro sa pamilya. Sa ingon nga kaso, ang mga tumuluo mahimong maghunahuna nga, "Nganong dautan man kaayo ang akong bana? Nganong dautan man kaayo ang akong asawa?" Apan unya, ang pasulit mahimong mas daku ug mas madugay. Unsa man ang kamaayo niining klase sa sitwasyon? Kinahanglan kanimong mag-ampo kauban ang gugma ug magsilbi kanila diha sa Ginoo. Kinahanglan mahimo kang kahayag nga nagsidlak og hayag sa imong pamilya.

Kung ikaw magbuhat lang og maayo ngadto kanila, ang Dios magbuhat sa Iyang buhat sa pinakaangay nga panahon. Iyang pagulaon ang kaaway nga yawa ug si Satanas ug tandugon ang kasingkasing sa mga miyembro sa imong pamilya, sab. Ang tanang mga problema masulbad kung ikaw maglihok sa kamaayo sumala sa mga mando sa Dios. Ang pinakagamhanon nga hinagiban sa espirituhanon nga pakig-away dili ang kagahum o kaalam sa mga tawo apan ang kamaayo sa Dios. Busa, mag-antus kita sa kamaayo lang ug magbuhat og maayong mga butang.

Aduna ba'y bisan kinsa sa imong palibot nga sa imong hunahuna lisud kaayo nga kauban ug lisud magpailob? Ang pipila ka mga katawohan nagbuhat og mga sayop sa tanang panahon, makaingon og kagusbatan ug maghatag og kalisdanan sa uban. Ang pipila magreklamo og daghan ug bisan pa magbuoran sa magagmay nga mga butang. Apan kung imong paugmaron ang tinuod nga gugma diha kanimo, walay bisan kinsa nga dili kanimo mapailoban. Kini tungod kay imong higugmaon ang uban sama sa imong kaugalingon, sama sa gisulti ni Hesus kanato nga higugmaon ang atong mga silingan sama sa atong mga kaugalingon (Mateo 22:39).

Ang Dios nga Amahan nasayod sab kanato ug nag-antus kanato parehas niini. Hangtud nga imong mapaugmad kining gugma diha kanimo, kinahanglan mabuhi ka nga morag usa ka perlas nga talaba. Kung ang usa ka langyaw nga butang sama sa balas, guso, o tipik sa kabhang mosagungot taliwala sa kabhang niini ug sa lawas niini, ang usa ka perlas nga talaba usbon kini ngadto sa bilihon nga perlas! Niining paagiha, kung kita magpaugmad sa espirituhanon nga gugma, kita makalahos sa perlas nga pultahan ug mosulod ngadto sa Bag-ong Herusalem kung asa ang trono sa Dios nabutang.

Handurawa ang panahon inig lahos kanimo sa perlas nga mga pultahan ug makapahinumdom sa imong kaagi sa ibabaw niining yuta. Mahimo kanatong magkompisal sa Amahang Dios nga "Salamat Kanimo sa pagpailob, pagtoo, paglaum, ug pag-antus sa tanang mga butang para kanako," kay Iyang gihulma ang atong mga kasingkasing sama sa kaanyag sa mga perlas.

Mga Kinaiya sa Espirituhanon nga Gugma III

12. Kini Mopailob sa Tanang mga Butang

13. Kini Motoo sa Tanang mga Butang

14. Kini Molaum sa Tanang mga Butang

15. Kini Moantus sa Tanang mga Butang

Hingpit nga Gugma

"Ang gugma wala gayuy pagkatapus; apan kon aduna may mga paghimog propesiya, kini igahiklin ra unya; kon aduna may pagsultig mga dila, kini pagahunongon ra unya; kon aduna may kahibalo, kini igahiklin ra unya. Kay ang ato ugod nga kahibalo karon dili man hingpit, ug maingon man ang atong pagpanghimog propesiya; apan kon ang hingpit moabut na, nan, ang dili hingpit igahiklin na lang unya. Sa bata pa ako, nagsulti ako nga ingon ug bata, nagpanghunahuna ako nga ingon ug bata, nagpangatarungan ako nga ingon ug bata; apan sa nahamtong na ako, gihiklin ko ang mga paaging binata. Kay sa karon, kita nagasud-ong sa mga hanap nga panagway daw pinaagi ug salamin, apan nakita ra nato kini unya sa laktud nga nawong ug nawong; sa karon, bahin lamang ang akong nahibaloan, apan unya masabtan ko ra ang tanan, maingon nga ang tanan kanako nahisabtan na. Ug karon magapabilin kining totulo: ang pagtoo, ang paglaum, ug ang gugma; apan ang labing daku niini mao ang gugma."

1 Mga Taga-Corinto 13:8-13

Inig adto kanimo sa Langit, kung makadala ka og usa ka butang kauban kanimo, unsa man ang gusto kanimong dal-on? Bulawan? Diamante? Kuwarta? Kining tanang mga butang walay pulos sa Langit. Sa Langit, ang mga dalan nga imong pagatumban maputli nga bulawan. Ang unsang giandam sa Dios nga Amahan sa langitnon nga mga puy-anan maanyag kaayo ug bilihon. Nasayod ang Dios sa atong mga kasingkasing ug nag-andam sa pinakamaayong mga butang sa tanan Kaniyang paningkamot. Apan adunay usa ka butang nga atong makuha gikan niining yuta, ug nga bilihon kaayo sa Langit, sab. Kini mao ang gugma. Kini mao ang gugma nga gipaugmad sa atong kasingkasing samtang kita nabuhi niining kalibutan.

Ang Gugma Gikinahanglan sa Langit, Sab

Pagkahuman sa pagpa-ugmad sa tawo ug kita moadto ngadto sa langitnon nga gingharian, ang tanang mga butang niining yuta mawala (Ang Pinadayag 21:1). Ang Mga Salmo 103:15 nagsulti nga, *"Mahitungod sa tawo, ang iyang mga adlaw ingon sa balili; ingon sa bulak sa kapatagan, mao man ang iyang paglabong."* Bisan pa ang mga butang nga dili mahikap ingon sa kabahandi, kabantog, ug awtoridad mawala sab. Ang tanang mga sala ingon sa kadumot, mga panag-away, kasina, ug panibugho mawala.

Apan ang 1 Mga Taga-Corinto 13:8-10 nagsulti nga, *"Ang gugma wala gayuy pagkatapus; apan kon aduna may mga paghimog propesiya, kini igahiklin ra unya; kon aduna may pagsultig mga dila, kini pagahunongon ra unya; kon aduna may kahibalo, kini igahiklin ra unya. Kay ang ato ugod nga kahibalo karon dili man hingpit; ug maingon man ang atong pagpanghimog propesiya; apan kon ang hingpit moabut na, nan, ang dili hingpit igahiklin na lang unya."*

Ang mga gasa sa propesiya, mga pagsultig dila, ug kahibalo sa Dios tanan mga espirituhanon nga butang, busa nganong igahiklin man sila unya? Ang Langit anaa sa espirituhanon nga ginsakpan ug usa ka hingpit nga dapit. Sa Langit, ato kining mahibaloan ang tanang butang og tin-aw. Bisan pa nga kita nakigistorya sa Dios og tin-aw ug magpropesiya, kini bug-os nga lahi gikan sa pagkasayod sa tanang butang sa langitnon nga gingharian sa umaabot. Unya, atong tin-aw nga masabtan ang kasingkasing sa Dios nga Amahan ug sa Ginoo, busa ang mga propesiya dili na kinahanglan.

Kini sama sa pagsultig mga dila. Nganhi, "ang mga dila" nagpasabot sa nagkalain-laing mga lengguwahe. Karon, kita adunay daghang nagkalain-laing mga lengguwahe sa ibabaw niining yuta, busa aron nga maka-istorya sa uban nga nagsultig laing mga lengguwahe, kinahanglan kanatong tun-an ang ilang mga lengguwahe. Tungod sa mga kalahian sa kultura, kinahanglan kanato og daghang panahon ug paningkamot aron nga mapaambit ang kasingkasing ug mga hunahuna. Bisan pa kung kita nagsulti sa parehong lengguwahe, dili kanato bug-os nga masabtan ang mga kasingkasing sa ubang mga katawohan ug mga hunahuna. Bisan pa nga kita larinong magsulti ug padetalye, dili kini sayon nga ipasabot ang atong kasingkasing ug mga hunahuna 100%. Tungod sa mga pulong, mahimo kitang mag-angkon og pagsinabtanay ug mga panag-away. Aduna sab daghang mga sayop sa mga pulong.

Apan kung kita moadto sa Langit, dili kita kinahanglan nga magkabalaka mahitungod niining mga butanga. Adunay usa lang ka lengguwahe sa Langit. Busa, walay kinahanglan nga magkabalaka mahitungod sa dili pagkasayod sa uban. Kay ang maayong kasingkasing gipasabot ingon niini, walay bisan unsa nga dili pagsayod o pagpihig.

Kini sama sa kahibalo. Nganhi, ang 'kahibalo' nagpasabot sa kahibalo sa Pulong sa Dios. Sa kita nagpuyo niining yuta kita makugihon nga nagtuon sa Pulong sa Dios. Pinaagi sa 66 ka mga libro sa Biblia, matun-an kanato kung unsaon kita maluwas ug makaangkon og kinabuhing dayon. Atong matun-an ang mahitungod sa kabubut-on sa Dios, apan kini bahin lang sa kabubut-on sa Dios, kung hain mahitungod lang sa kung unsa ang atong kinahanglan aron makaadto sa Langit.

Pananglitan, atong madungog ug matun-an ug mabuhat ang ingon sa mga pulong nga, "Higugmaa ang usag usa," 'Ayaw og kasina, ayaw og panibugho,' ug uban pa. Apan sa Langit, aduna lang og gugma, ug busa, dili kanato kinahanglan kining klase sa kahibalo ngadto. Bisan pa sila espirituhanon nga mga butang, sa ulahi bisan pa ang propesiya, nagkalain-laing mga pagsultig dila, ug ang tanang kahibalo mawala sab. Kini tungod kay sila temporaryo lang nga gikinahanglan niining pisikal nga kalibutan.

Busa, kini importante nga mahibaloan ang Pulong sa kamatuoran ug mahibaloan ang mahitungod sa Langit, apan kini mas importante nga mapaugmad ang gugma. Sa kadakuon nga atong masirkonsisyon ang atong kasingkasing ug mapaugmad ang gugma kita makaadto sa mas maayo nga langitnon nga puy-anan.

Ang Gugma Bilihon sa Kahangtoran

Hinumdoma lang ang panahon sa imong unang kahigugma. Unsa ka kamalipayon! Sumala sa atong isulti nga kita nabulagan sa gugma, kung tinuod kanatong gihigugma ang usa ka tawo, makita lang kanato ang maayo nga mga butang gikan nianang tawhana ug ang tanang butang sa kalibutan maanyag tan-awon. Ang sinadlaw morag mas masilakon kaysa kaniadto, ug mahimo kanatong mabati ang kahumot bisan pa gikan sa hangin. Adunay pipila ka mga pagtaho nga nagpahayag nga ang mga bahin sa mga utok nga nagdumala sa negatibo ug pagpanaway nga mga hunahuna dili kaayo aktibo para sa katong nahigugma. Sa samang paagi, kung ikaw napuno sa gugma sa Dios diha sa imong kasingkasing, ikaw mas malipayon bisan pa dili ka mokaon. Sa Langit, kining klase sa gugma molungtad sa kahangtoran.

Ang atong kinabuhi sa ibabaw niining yuta morag usa ka kinabuhi sa usa ka bata kumpara sa kinabuhi nga atong maangkon sa Langit. Ang usa ka bata nga nagsugod og sulti mahimong makasulti og duha lang ka sayon nga mga pulong sama sa "mama" ug "papa." Dili kaniya kongkretong malitok ang daghang mga butang sa detalye. Usab, ang mga bata dili makasabot sa kumplikado nga mga butang sa kalibutan sa mga hamtong. Ang mga bata makasulti, makasabot, ug makahunahuna sulod sa ilang kahibalo ug kasarang isip nga mga bata. Sila walay tarung nga konsepto mahitungod sa bili sa kuwarta, busa kung sila pakitaon sa sensilyo ug papel nga kuwarta, natural lang nga ilang kuhaon ang mga sensilyo. Kini tungod kay nakahibalo sila nga ang mga sensilyo adunay bili kay kini ilang gigamit aron makapalit og mga kendi o mga popsicle, apan sila wala makahibalo sa bili sa mga kuwarta nga papel.

Kini kaanggid sa atong pagsayod sa Langit samtang kita nabuhi sa ibabaw niining yuta. Nakahibalo kita nga ang Langit usa ka maanyag nga dapit, apan kini lisud ilitok kung unsa kini aktuwal kamaanyag. Sa langitnon nga gingharian, walay mga utlanan, busa ang kaanyag mahimong malitok sa pinakadaku. Inig adto kanato sa Langit, mahimo sab kitang masayod sa walay utlanan ug misteryoso nga espirituhanon nga ginsakpan, ug ang mga prinsipyo kung hain ang tanang butang naglihok. Kini gipahayag sa 1 Mga Taga-Corinto 13:11, *"Sa bata pa ako, nagsulti ako nga ingon ug bata, nagpanghunahuna ako nga ingon ug bata, nagpangatarungan ako nga ingon ug bata; apan sa nahamtong na ako, gihiklin ko ang mga paaging binata."*

Sa langitnon nga gingharian, walay kangitngit, o mga kabalaka o mga kahigwaos. Kamaayo lang ug gugma ang anaa. Busa, mahimo kanatong malitok ang atong gugma ug magsilbi sa usag usa sa gidaghanon nga gusto kanato. Niining paagi, ang pisikal nga kalibutan ug ang espirituhanon nga ginsakpan bug-os nga lahi. Lagi, bisan niining yuta, adunay usa ka daku nga kalahian sa pagkasayod sa mga katawohan ug mga hunahuna sumala sa gidak-on sa pagtoo sa matag usa.

Sa 1 Juan kapitulo 2, ang matag lebel sa pagtoo gipareho sa magagmay nga mga bata, mga bata, batan-on nga mga lalaki, ug mga amahan. Para sa katong anaa sa lebel sa pagtoo sa magagmay nga mga bata o sa mga bata, sila morag mga bata sa espiritu. Sila dili gayud makasabot sa halawom nga espirituhanon nga mga butang. Sila adunay gamay nga kalig-on aron buhaton ang Pulong. Apan kung sila mahimong batan-on nga mga tawo ug mga amahan, ang ilang mga pulong, paghunahuna, ug mga lihok mahimong lahi. Sila adunay mas daghang kasarang aron mabuhat ang Pulong sa Dios, ug ilang madaog ang pakig-away batok sa gahum sa kangitngit. Apan bisan pa nga atong matuman ang pagtoo sa mga amahan sa ibabaw niining yuta, atong masulti nga kita sa gihapon morag mga bata kumpara sa panahon kung kanus-a kita magasulod ngadto sa langitnon nga gingharian.

Mabati Kanato ang Hingpit nga Gugma

Ang pagkabata mao ang panahon sa pag-andam nga mahimong hamtong, ug sama niini, ang kinabuhi sa ibabaw sa yuta mao ang pag-andam nga panahon para sa kinabuhing dayon. Ug, kining kalibutan morag usa ka anino nga gikumpara sa ginghariang dayon sa langit, ug kini molabay ra og kadali. Ang anino dili usa ka aktuwal nga linalang. Sa ubang mga pulong, dili kini tinuod. Kini usa lang ka imahe nga nag-anggid sa orihinal nga linalang.

Gipanalanginan ni Haring David ang GINOO sa panan-aw sa tanang asembliya, ug miingon nga, *"Kay kami mga lumalangyaw sa Imong atubangan, ug mga humalapit, sama sa tanan namong mga amahan; ang among mga adlaw sa yuta sama sa usa ka anino, ug walay paglaum"* (1 Nga Cronicas 29:15).

Kung atong tan-awon ang anino sa usa ka butang, masayod kanato ang kinatibuk-ang hulma nianang butanga. Kining pisikal nga kalibutan usab morag usa ka anino nga naghatag kanato og mubo nga ideya mahitungod sa kalibutang dayon. Kung ang anino, kung hain mao ang kinabuhi niining yuta, molabay, ang aktuwal nga panagway tin-aw nga mapadayag. Karon, dili klaro ug hanap lang kita nga nakahibalo mahitungod sa espirituhanon nga ginsakpan, nga morag nagtan-aw kita sa usa ka samin. Apan inig adto kanato sa langitnon nga gingharian, masayod kanato og tin-aw maingon nga makita kanato nawong sa nawong.

Ang 1 Mga Taga-Corinto 13:12 mabasa nga, *"Kay sa karon, kita nagasud-ong sa mga hanap nga panagway daw pinaagi ug salamin, apan nakita ra nato kini unya sa laktud nga nawong ug nawong; sa karon, bahin lamang ang akong nahibaloan, apan unya masabtan ko ra ang tanan, maingon nga ang tanan kanako nahisabtan na."* Sa kaniadtong ang apostol nga si Pablo misulat niining Gugma nga Kapitulo, kini gibanabana mga 2,000 ka tuig nga miagi. Ang usa ka samin nianang panahona dili tin-aw sama sa mga samin karong adlawa. Kini wala gibuhat gikan sa bildo. Ilang gigaling ang pilak, bronse, o put-haw ug gipasinaw ang metal aron nga mapakita ang suga. Mao kana nganong ang usa ka samin hanap. Lagi, ang pipila ka mga katawohan makita og mabati ang gingharian sa langit og mas tataw gamit ang espirituhanon nga mga mata nga giablihan. Sa gihapon, atong mamatikdan ang kaanyag ug kalipay sa Langit og hanap lang.

Sa atong pagsulod sa ginghariang dayon sa langit sa ulahi, tin-aw kanatong makita ang matag detalye sa gingharian ug mabati kini og direkta. Atong matun-an ang mahitungod sa kadakuon, kamakagagahum, ug kaanyag sa Dios nga lapas sa mga pulong.

Ang Gugma mao ang Pinakadaku Taliwala sa Pagtoo, Paglaum, ug Gugma

Ang pagtoo ug paglaum importante kaayo para magdugang ang atong pagtoo. Maluwas lang kita og makaadto sa langit kung aduna kita'y pagtoo. Mahimo lang kita og mga anak sa Dios pinaagig pagtoo. Kay kita makakuha lang og kaluwasan, kinabuhing dayon, ug langitnon nga gingharian pinaagig pagtoo, ang pagtoo bilihon kaayo. Ug ang bahandi sa tanang bahandi mao ang pagtoo; ang pagtoo mao ang yabi aron madawat ang mga tubag sa atong mga pag-ampo.

Unsa man ang paglaum? Ang paglaum bilihon sab; makuha kanato ang mas maayong mga puy-anan sa Langit pinaagi sa pag-angkon og paglaum. Busa, kung aduna kita'y pagtoo, natural nga aduna kita'y paglaum. Kung sa pagkamatuod nagtoo kita sa Dios ug sa Langit ug sa Impiyerno, kita mag-angkon og paglaum para sa Langit. Usab, kung aduna kita'y paglaum, sulayan kanato nga mapabalaan ug matinumanon nga magtrabaho para sa gingharian sa Dios. Ang pagtoo ug paglaum kinahanglanon hangtud makabot kanato ang langitnon nga gingharian. Apan ang 1 Mga Taga-Corinto 13:12 nagsulti nga ang gugma mao ang pinakadaku, ug ngano man?

Una, ang pagtoo ug paglaum mao ang unsay kinahanglan lang kanato sa panahon sa atong mga kinabuhi sa ibabaw niining yuta, ug ang espirituhanon lang nga gugma ang mahabilin sa gingharian sa langit.

Sa Langit, dili kanato kinahanglan nga magtoo sa bisan unsang butang nga dili makakita o maglaum para sa bisan unsang butang kay ang tanang butang anaa ngadto sa atubangan sa atong mga mata. Kunohay adunay ka'y usa ka tawo nga imong gihigugma og pag-ayo, ug wala kanimo siya makita sulod sa usa ka semana, o mas dugay pa, sulod sa napulo ka tuig. Kita mag-angkon og mas halawom ug mas daku nga mga emosyon inig kakita kanato kaniya og usab pagkahuman sa napulo ka tuig. Ug ang pagkakita kaniya, nga atong gikahidlawan sulod sa napulo ka tuig, aduna ba'y bisan kinsa nga magkahidlaw pa kaniya?

Ang pareho mao sab sa atong Kristohanon nga kinabuhi. Kung tinuod kita nga adunay pagtoo ug gugma sa Dios, kita mag-angkon og nagtubo nga paglaum sa paglakat sa panahon ug sa pagtubo sa atong pagtoo. Atong mas kahidlawan ang Ginoo og labaw sa paglabay sa mga inadlaw. Ang katong adunay paglaum sa Langit niining paagiha dili magsulti nga lisud kini bisan pa nga sila nagkuha sa mapig-ot nga dalan niining yuta, ug sila dili maimpluwensiyahan sa bisan unsang tentasyon. Ug inig kab-ot kanato sa atong ulahing destinasyon, ang langitnon nga gingharian, dili na kanato kinahanglan ang pagtoo ug paglaum. Apan ang gugma sa gihapon magpadayon sa Langit sa kahangtoran, ug mao kana nganong ang Biblia nagsulti nga ang gugma mao ang pinakadaku.

Ikaduha, atong maangkon ang Langit pinaagig pagtoo, apan kung walay gugma, dili kita makasulod sa pinakamaanyag nga puy-anan, ang Bag-ong Herusalem.

Atong makusganong makuptan ang langitnon nga gingharian sa kadakuon nga kita maglihok kauban sa pagtoo ug paglaum. Sa kadakuon nga kita mabuhi pinaagi sa Pulong sa Dios, isalikway ang mga sala, ug magpaugmad sa maanyag nga kasingkasing, kita hatagan og espirituhanon nga pagtoo, ug sumala sa gidak-on niining espirituhanon nga pagtoo, kita pagahatagan og nagkalainlaing mga puy-anan sa Langit: Paraiso, Unang Gingharian sa Langit, Ikaduha nga Gingharian sa Langit, Ikatulo nga Gingharian sa Langit, ug ang Bag-ong Herusalem.

Ang Paraiso para sa katong adunay pagtoo nga igo lang nga maluwas pinaagi sa pagdawat kang Hesukristo. Kini nagkahulogan nga sila wala nagbuhat og bisan unsang butang para sa gingharian sa Dios. Ang Unang Gingharian sa Langit para sa katong nagsulay nga mabuhi sa Pulong sa Dios pagkahuman og dawat kang Hesukristo. Kini mas sobra ang kaanyag kaysa Paraiso. Ang Ikaduha nga Gingharian sa Langit para sa katong nabuhi sa Pulong sa Dios kauban ang ilang gugma para sa Dios ug nagmatinumanon sa gingharian sa Dios. Ang Ikatulo nga Gingharian sa Langit para sa katong nahigugma sa Dios sa pinakataas nga ang-ang ug gisalikway ang tanang dagway sa dautan aron nga mapabalaan. Ang Bag-ong Herusalem para sa katong adunay makapahimuot-sa-Dios nga pagtoo ug nagmatinumanon sa tibuok balay sa Dios.

Ang Bag-ong Herusalem usa ka langitngon nga puy-anan nga gihatag sa katong mga anak sa Dios nga gipaugmad ang hingpit nga gugma kauban ang pagtoo, ug kini usa ka kaanggid sa kristal nga gugma. Sa katinuoran, walay bisan kinsa apan si Hesukristo, ang bugtong nga Anak sa Dios nga adunay mga kwalipikasyon nga mahimong makasulod sa Bag-ong Herusalem. Apan kita isip nga mga binuhat mahimo sab makaangkon sa mga kwalipikasyon nga makasulod ngadto kung kita gipakamatarung pinaagi sa bilihon nga dugo ni Hesukristo ug maangkon ang hingpit nga pagtoo.

Para kanato nga maanggid sa Ginoo ug makapuyo sa Bag-ong

Herusalem, kinahanglan kanatong mosunod sa paagi nga gikuha sa Ginoo. Kanang paagi mao ang gugma. Pinaagi lang niining gugma nga mahimo kanatong makabunga sa siyam nga bunga sa Espiritu Santo ug sa Mga Kabulahanan aron nga takus nga mahimong tinuod nga mga anak sa Dios nga adunay mga kinaiya sa Ginoo. Sa dihang makuha kanato ang mga kwalipikasyon isip nga tinuod nga mga anak sa Dios, madawat kanato ang bisan unsang atong pangayuon sa ibabaw niining yuta, ug kita makaangkon sa pribilehiyo nga makalakaw kauban ang Ginoo sa kahangtoran sa Langit. Busa, makaadto kita sa Langit kung kita adunay pagtoo, ug atong masalikway ang mga sala kung kita adunay paglaum. Tungod niining rason ang paglaum sa pagkatinuod kinahanglanon, apan ang gugma mao ang pinakadaku kay kita makasulod lang sa Bag-ong Herusalem kung kita adunay gugma.

"Ayaw kamo pag-utang ug bisan unsa kang bisan kinsa,

gawas sa paghigugmaay ang usa sa usa;

kay ang nagahigugma sa iyang silingan nakatuman sa kasugoan.

Ang mga sugo nga nagaingon, 'Ayaw pagpanapaw,

Ayaw pagpatay, Ayaw pagpangawat, Ayaw pagkaibog,'

ug ang bisan unsa pa nga sugo,

kini nalangkob niining mga pulonga nga nagaingon,

'Higugmaa ang imong silingan ingon nga imong kaugalingon.'

Ang gugma dili mohimog dautan ngadto sa silingan;

busa ang gugma mao ang katumanan sa kasugoan."

Mga Taga-Roma 13:8-10

Bahin 3

Ang Gugma Mao ang Katumanan sa Kasugoan

Kapitulo 1 : Ang Gugma sa Dios

Kapitulo 2 : Ang Gugma ni Kristo

KAPITULO 1 — *Ang Gugma sa Dios*

Ang Gugma sa Dios

*"Tungod niini kita nahibalo ug nagatoo sa gugma
nga ginabatonan sa Dios alang kanato.
Ang Dios gugma, ug ang nagapabilin sa gugma,
nagapabilin sa Dios,
ug ang Dios nagapabilin diha kaniya."*
1 Juan 4:16

Samtang nagtrabaho kauban ang mga Bombay sa Quechua, si Elliot nagsugod og pag-andam nga makab-ot ang bantog nga bayolente nga tribo sa mga Bombay nga Huaorani. Siya ug ang upat pang uban nga mga misyonaryo, si Ed McCully, Roger Youderian, Peter Fleming ug ang ilang piloto nga si Nate Saint, mikotak gikan sa ilang eroplano sa mga Bombay nga Huaorani, gamit ang usa ka loudspeaker ug usa ka basket aron nga ipanaog ang mga gasa. Pagkahuman og pipila ka mga bulan, ang mga tawo midesisyon nga magtukod og usa ka base sa mubo nga distansiya gikan sa tribo sa mga Bombay, kubay sa Suba sa Curacay. Ngadto sila gipadul-an sa pipila ka mga higayon sa magagmay nga mga grupo sa mga Bombay nga Huaorani, ug mipasakay pa gani sa eroplano sa usa ka masusihon nga Huaorani nga ilang gitawag nga si "George" (ang iyang tinuod nga pangalan mao si Naenkiwi). Gidasig niining mga mahigalaon nga mga engkwentro, sila nagsugod og mga plano nga magbisita sa Huaorani, apan ang ilang mga plano giunahan sa pag-abot sa usa ka mas daku nga grupo sa mga Huaorani, nga mipatay kang Elliot ug sa iyang upat ka mga kauban kaniadtong Enero 8, 1956. Ang naguhay-guhay nga lawas ni Elliot nakit-an sa ilawod, kauban sa katong ubang mga tawo, gawas sa kang Ed McCully.

Si Elliot ug ang iyang mga higala nahimo dayong bantog sa tibuok kalibutan isip nga mga martir, ug gimantala sa Life Magazine ang usa ka 10-panid nga artikulo sa ilang misyon ug kamatayon. Sila gihatagan og kredito sa pagpakidlap og interes sa Kristohanon nga mga misyon sa mga batan-on sa ilang panahon, ug sa gihapon gihunahuna nga pagdasig sa Kristohanon nga mga misyonaryo nga nagtrabaho sa tibuok kalibutan. Pagkahuman og kamatay sa iyang bana, si Elisabeth Elliot ug ubang mga misyonaryo nagsugod og trabaho sa mga Bombay nga Auca Indians, kung asa sila adunay lawom nga epekto ug midaog og daghang mga kinabig. Daghang mga kalag ang nadaog pinaagi sa gugma sa Dios.

> *Ayaw kamo pag-utang ug bisan unsa kang bisan kinsa, gawas sa paghigugmaay ang usa sa usa; kay ang nagahigugma sa iyang silingan nakatuman sa kasugoan. Ang mga sugo nga nagaingon, 'Ayaw pagpanapaw, Ayaw pagpatay, Ayaw pagpangawat, Ayaw pagkaibog,' ug ang bisan unsa pa nga sugo, kini nalangkob niining mga pulonga nga nagaingon, 'Higugmaa ang imong silingan ingon nga imong kaugalingon.' Ang gugma dili mohimog dautan ngadto sa silingan; busa ang gugma mao ang katumanan sa kasugoan* (Mga Taga-Roma 13:8-10).

Ang pinakataas nga lebel sa gugma diha sa tanang mga klase sa gugma mao ang gugma sa Dios ngadto kanato. Ang pagbuhat sa tanang mga butang ug sa mga tawo nga linalang naggikan sab sa gugma sa Dios.

Ang Dios mibuhat sa tanang mga butang ug mga tawo nga linalang gikan sa Iyang gugma

Sa sinugdanan ang Dios mihambin sa halapad nga espasyo sa uniberso sa Iyang kaugalingon. Kining uniberso lahi nga uniberso kaysa uniberso nga atong nahibaloan karon. Kini usa ka espasyo nga walay sinugdanan o katapusan ni bisan unsang mga utlanan. Ang tanang mga butang gibuhat sumala sa kabubut-on sa Dios ug unsay Iyang gihambin diha sa Iyang kasingkasing. Unya, kung mabuhat sa Dios ug maangkon ang bisan unsang butang nga Iyang gusto, nganong gibuhat man Kaniya ang mga tawo nga linalang.

Gusto Kaniya ang tinuod nga mga anak kung kinsa Iyang mapa-ambit ang kaanyag sa Iyang kalibutan nga Iyang gipangalipayan. Gusto Kaniyang ipa-ambit ang espasyo kung asa ang tanang butang gibuhat sumala sa kagustohan. Kini kaanggid sa pangisip sa tawo; gusto kanatong dayag nga mapa-ambit ang maayo nga mga butang kauban sa atong hinigugma. Kauban niining paglaum, giplano sa Dios ang pagpaugmad sa tawo aron makaangkon og tinuod nga mga anak.

Isip nga unang lakang, Iyang gitunga ang usa ka uniberso ngadto sa pisikal nga kalibutan ug espirituhanon nga kalibutan, ug gibuhat ang langitnong panon ug mga anghel, ubang mga espirituhanon nga linalang, ug ang tanang ubang kinahanglan nga mga butang sa espirituhanon nga ginsakpan. Siya mibuhat og usa ka espasyo para Iyang puy-an ug ang gingharian sa langit kung asa ang Iyang tinuod nga mga anak magpuyo, ug ang espasyo para sa mga tawo nga linalang aron moagi sa pagpaugmad sa tawo. Pagkahuman sa dili masukod nga yugto sa panahon nga miagi, Iyang gibuhat ang Yuta sulod sa pisikal nga kalibutan kauban ang Adlaw, Bulan, ug mga bitoon, ug ang natural nga kalikopan, kung hain ang kining tanan kinahanglanon aron nga mabuhi ang mga tawo.

Adunay dili-maihap nga espirituhanon nga mga linalang sa palibot sa Dios ingon sa mga anghel, apan sila walay kondisyon nga masulundon, nga morag mga robot. Dili sila mga linalang nga mahimong makapa-ambit ang Dios sa Iyang gugma. Tungod niining rason gibuhat sa Dios ang mga tawo sa Iyang imahe aron nga makaangkon og tinuod nga mga anak kung kinsa Iyang mapaambit ang Iyang gugma. Kung posible kini nga makaangkon og mga robot nga adunay anindot nga mga nawong nga molihok gayud sumala sa kung unsa ang imong gusto, mahimo ba silang mopuli sa imong kaugalingong mga anak? Bisan pa kung ang imong mga anak dili maminaw kanimo og panagsa, sila sa gihapon mas matahom kaysa katong mga robot kay sila mahimong mobati sa imong gugma ug mapadayag ang ilang gugma para kanimo. Kini sama sa Dios. Gusto Kaniya ang tinuod nga mga anak kung kinsa Iyang mabaylo ang Iyang kasingkasing. Pinaagi niining gugma, gibuhat sa Dios ang unang tawo nga linalang, ug mao kini si Adan.

Pagkahuman og buhat sa Dios kang Adan, Iyang gibuhat ang tanaman sa usa ka dapit nga gitawag Eden ngadto sa sidlakan, ug gidala siya ngadto. Ang Tanaman sa Eden gihatag sa Dios isip nga konsiderasyon para kang Adan. Kini usa ka misteryoso nga maanyag nga dapit kung hain ang mga bulak ug mga kahoy nagtubo og maayo kaayo ug matahum nga mga mananap ang naglakaw-lakaw sa palibot. Kini dagaya sa mga bunga bisag asa. Kini adunay mga huyohoy nga mabati sama sa mahumok nga seda ug ang balili nagbuhat og mga hungihong nga mga tingog. Ang tubig nagapangidlap nga morag bilihon nga mga mutya nga adunay mga repleksiyon sa kahayag gikan kanila. Bisan sa pinakamaayong imahinasyon sa mga tawo, ang usa ka tawo dili makapahayag sa kaanyag nianang dapit.

Gihatagan sab sa Dios si Adan og usa ka katabang nga ang

pangalan mao si Eba. Dili kini tungod kay si Adan mibati nga nag-inusara. Nasayod ang Dios sa kasingkasing ni Adan og abanse kay ang Dios nag-inusara lang sa taas kaayo nga panahon. Sa pinakamaayo nga kondisyon sa pagkabuhi nga gihatag sa Dios, si Adan ug si Eba milakaw kauban sa Dios ug, sa maingon nga usa ka taas kaayo nga panahon, sila nangalipay sa daku nga pagbulutan isip nga ginoo sa tanang mga binuhatan.

Ang Dios nagpaugmad sa mga tawo nga linalang aron nga mahimo silang Iyang tinuod nga mga anak

Apan si Adan ug si Eba nagkulang og usa ka butang aron nga sila mahimong tinuod nga anak sa Dios. Bisan pa nga gihatag sa Dios kanila ang Iyang gugma sa pinakapuno, dili kanila gayud mabati ang gugma sa Dios. Ilang gipangalipayan ang tanang butang nga gihatag sa Dios, apan walay bisan unsang butang nga ilang naangkon o nakuha pinaagi sa ilang paningkamot. Busa, wala sila nasayod kung unsa ka bilihon ang gugma sa Dios, ug sila dili mapasalamaton kung unsay gihatag kanila. Dugang pa, wala gayud kanila masinatian ang kamatayon o ang kasubo, ug wala sila nakahibalo sa bili sa kinabuhi. Wala gayud kanila masinatian ang kadumot, busa wala sila masayod sa tinuod nga bili sa gugma. Bisan pa nga ilang nadungog ug nahibaloan ang mahitungod niini isip nga kahibalo-sa-ulo, dili kanila mabati ang tinuod nga gugma sa ilang mga kasingkasing kay sila wala gayud makasinati niini mismo.

Ang rason nganong si Adan ug si Eba mikaon gikan sa kahoy sa pag-ila sa maayo ug sa dautan nahimutang nganhi. Ang Dios miingon nga, "...*kay sa adlaw nga mokaon ka niini, mamatay ka gayud,*" apan wala kanila mahibaloi ang tibuok nga kahulogan sa kamatayon (Genesis 2:17). Wala ba mahibalo ang Dios nga sila mokaon gikan sa kahoy sa pag-ila sa maayo ug dautan? Nakahibalo Siya. Siya nakahibalo, apan sa gihapon Iyang gihatagan si Adan ug si Eba sa kabubut-on nga maghimo sa pagpili sa pagkamatinumanon. Nganhi nahimutang ang probidensiya para sa pagpaugmad sa tawo.

Pinaagi sa pagpaugmad sa tawo, gusto sa Dios ang tanang katawohan makasinati sa paghilak, kasubo, kasakit, kamatayon, ug uban pa, aron nga inig adto kanila sa Langit sa ulahi, ilang tinuod nga mabati kung unsa ka bilihon ug kamalahalon sa mga langitnon nga butang, ug mahimo kanilang mapangalipayan ang tinuod nga kalipay. Gusto sa Dios nga mapa-ambit ang Iyang gugma kanila sa kahangtoran sa Langit, kung hain, lapas sa pagkumpara, mas maanyag kaysa bisan pa sa Tanaman sa Eden.

Pagkahumang misupak si Adan og Eba sa Pulong sa Dios, dili na sila mahimong mopuyo sa Tanaman sa Eden. Ug kay nawala na sab ni Adan ang pagbulut-an isip nga ginoo sa tanang mga binuhat, ang tanang mga mananap ug mga tanom gipanunglo, sab. Ang Yuta sa kaniadto adunay dagaya ug kaanyag, apan kini sab gipanunglo. Karon kini nagpagula og mga tunok ug mga kadyapa, ug ang mga tawo dili makaani kung walay pagpangabudlay ug pinaagig singot sa ilang mga agtang.

Bisan pa nga si Adan ug si Eba misupak sa Dios, Siya sa gihapon mibuhat og mga bisti nga panit para kanila ug gibistihan sila, kay sila kinahanglan nga magpuyo sa bug-os nga lahi nga kalikopan (Genesis 3:21). Tingali ang kasingkasing sa Dios gisunog sama sa mga ginikanan nga kinahanglan palakawon ang ilang mga anak palayo sa pipila ka panahon aron nga mag-andam para sa ilang umaabot. Bisan pa niining gugma sa Dios, sa dili madugay pagkahuman nga misugod ang pagpaugmad sa tawo, ang mga tawo namansahan sa mga sala, ug sila sa madali mipalayo sa ilang mga kaugalingon sa Dios.

Ang Mga Taga-Roma 1:21-23 nagsulti nga, *"Kay bisan nanagpakaila na sila sa Dios, wala nila Siya pasidunggi ingon nga Dios, ni magpasalamat Kaniya; hinonoa, maoy ilang gihinuktokan ang mga hinunahuna nga walay dapat hangtud gingitngitan na lang ang ilang habol nga mga salabutan. Sa ilang pagpakamakinaadmanon, nahimo hinoon silang mga boang, ug ang himaya sa dili mamatay nga Dios giilisan nilag mga larawan nga sama sa may kamatayon nga tawo ug mga langgam ug mga mananap nga upat ug tiil ug mga binuhat nga nagakamang."*

Para niining makakasala nga katawohan, ang Dios mipakita sa Iyang probidensiya ug gugma pinaagi sa mga pinili nga katwohan, ang Israel. Sa usa ka bahin, sa kaniadtong sila nabuhi pinaagi sa Pulong sa Dios, Siya mipakita og makahingangha nga mga timaan ug mga kahibulongan ug gihatagan sila og daku nga mga panalangin. Sa pikas nga bahin, sa kaniadtong sila mihimulag gikan sa Dios, misimbag mga diosdios ug mibuhat og mga sala, ang Dios mipadala og daghang mga propeta aron nga mahatud ang Iyang gugma.

Ang usa sa katong mga propeta mao si Hosea, nga aktibo sa usa ka mangitngit nga panahon pagkahuman nga matunga ang Israel ngadto sa amihanan nga Israel ug habatagan nga Judah.

Usa ka adlaw ang Dios mihatag ni Oseas og usa ka espesyal nga sugo nga nagsulti, *"Lumakaw ka, pangasawa ug usa ka babaye nga makihilawason ug mga anak sa makihilawason"* (Oseas 1:2). Dili kini mahunahuna para sa usa ka diosnon nga propeta nga mangasawa sa usa ka babaye nga makihilawason. Bisan pa nga wala kaniya masabti og tibuok ang tuyo sa Dios, nagmasinugtanon si Oseas sa Iyang Pulong ug mikuha sa usa ka babaye nga ginganlan si Gomer isip nga iyang asawa.

Sila nanganak sa tulo ka mga bata, apan si Gomer niadto sa usa pa ka lalaki nga nagsunod sa iyang pangibog. Bisan pa niana, gisultihan sa Dios si Oseas nga higugmaon ang iyang asawa (Oseas 3:1). Gipangita siya ni Oseas ug gipalit siya para kaniya sa napulog lima ka mga salapi ug usa ka omer ug tunga sa sebada.

Ang gugma nga gihatag ni Oseas kang Gomer nagsimbolo sa gugma sa Dios nga gihatag kanato. Ug si Gomer, ang babaye nga makihilawason nagsimbolo sa tanang mga tawo nga namansahan sa mga sala. Sama nga si Oseas mikuha sa usa ka babaye nga makihilawason isip nga iyang asawa, ang Dios unang gihigugma kita nga namansahan sa mga sala niining kalibutan.

Iyang gipakita ang Iyang walay katapusan nga gugma, nga naglaum nga ang tanang tawo moliso gikan sa ilang dalan sa kamatayon ug mahimong Iyang anak. Bisan pa nga sila nakighigala sa kalibutan ug midistansiya sa ilang mga kaugalingon gikan sa Dios sa makadiyot, Siya dili moingon nga, "Mibiya ikaw Kanako ug dili na kita madawat og balik." Gusto lang Kaniya nga mobalik ang tanang tawo ngadto Kaniya ug gibuhat kini Kaniya kauban ang mas matinguhaon nga kasingkasing kaysa mga ginikanan nga naghulat sa ilang mga anak nga nilayas gikan sa balay aron mobalik.

Giandam sa Dios si Hesukristo sukad sa wala pa ang kapanahonan

Ang sambingay sa anak nga nawala sa Lucas 15 tin-aw nga nagpakita sa kasingkasing sa Dios nga Amahan. Ang ikaduha nga anak nga lalaki nga nangalipay sa bahandi nga kinabuhi sa bata pa walay mapasalamaton nga kasingkasing para sa iyang amahan ni wala siya nasayod sa bili sa klase sa kinabuhi nga iyang gikabuhian. Usa ka adlaw iyang gipangayo ang iyang panulondon nga kwarta og una. Siya usa ka kasagaran nga nasobrahan sa pagpangga nga bata nga nangayo sa iyang panulondon nga kuwarta samtang ang iyang amahan buhi pa.

Ang amahan dili makapugong sa iyang anak nga lalaki, kay ang iyang anak wala masayod sa kasingkasing sa iyang mga ginikanan gayud, ug sa ulahi iyang gihatag ang panulondan nga kuwarta sa iyang anak nga lalaki. Ang anak nga lalaki lipay kaayo ug milakaw sa usa ka panaw. Ang kasakit sa amahan misugod gikan nianang panahona. Siya nagkabalaka kaayo nag naghunahuna nga, "Unsa man kung siya masakitan? Unsa man kung maka-engkwentro siya og dautan nga mga katawohan?" Ang amahan dili gani makatulog og maayo nga nagkabalaka sa iyang anak nga lalaki, nga nagtan-aw sa kapunawpunawan nga naglaum nga ang iyang anak nga lalaki mobalik.

Sa dili madugay, ang kuwarta sa anak nga lalaki nahurot, ug ang mga katawohan nagsugod og pagdagmal kaniya. Siya anaa sa usa ka makalilisang kaayo nga sitwasyon nga siya nangandoy sa pagbusog sa iyang kaugalingon bisan pa sa mga bunga sa biya-tilis nga ginakaon sa mga baboy, apan walay naghatag kaniya og bisan unsa. Iya na karong nahinumduman ang balay sa iyang amahan.

Mipauli siya og balik, apan siya nagbasol og pag-ayo nga dili gani kaniya maalsa ang iyang ulo. Apan ang amahan midagan ngadto kaniya og gihagkan siya. Ang amahan wala nagbasol kaniya sa bisan unsang butanga apan hinoon siya nalipay og pag-ayo nga iyang gisul-ob ang pinakamaayong mga bisti kaniya ug miihaw og usa ka nating nga baka aron nga managsadya para kaniya. Kini mao ang gugma sa Dios.

Ang gugma sa Dios wala lang gihatag sa pipila ka espesyal nga mga tawo sa espesyal nga panahon. Ang 1 Kang Timoteo 2:4 nagsulti nga, *"[Ang Dios] nagatinguha nga ang tanang mga tawo mangaluwas unta ug managpakakab-ot sa kahibalo sa kamatuoran."* Iyang gipabilin ang pultahan sa kaluwasan nga abli sa tanang panahon, ug sa matag higayon nga ang usa ka kalag mobalik sa Dios, iyang abi-abihon ang kalag kauban ang daghan kaayong kasadya ug kalipay.

Pinaagi niining gugma sa Dios nga dili mobuhi kanato hangtud sa katapusan, ang dalan giabli para sa tanang tawo nga makadawat og kaluwasan. Kini mao nga ang Dios miandam sa Iyang bugtong nga Anak nga si Hesukristo. Sumala sa nahisulat sa Sa Mga Hebreohanon 9:22, *"Sa pagkatinuod, ubos sa kasugoan hapit ang tanang butang pagahinloon ug dugo, ug gawas sa pag-ula ug dugo walay mahimong pasaylo sa mga sala,"* si Hesus mibayad sa bili sa mga sala nga kinahanglan bayaran sa mga makakasala, pinaagi sa Iyang bilihon nga dugo ug sa Iyang kaugalingong kinabuhi.

Ang 1 Juan 4:9 nagsulti sa gugma sa Dios sumala sa gitala nga, *"Ang gugma sa Dios gipadayag dinhi kanato pinaagi niini: gipadala sa Dios ang iyang bugtong nga Anak nganhi sa kalibutan, aron kita mabuhi pinaagi Kaniya."* Gipabuhat sa Dios kang Hesus nga patuluon ang Iyang bilihon nga dugo aron nga lukaton ang katawohan gikan sa tanan kanilang mga sala. Si Hesus gilansang, apan Iyang nabuntog ang kamatayon ug nabanhaw sa ikatulo nga adlaw, kay Siya walay sala. Pinaagi niiini ang dalan sa atong kaluwasan giabli. Ang ihatag kanato ang Iyang bugtong nga Anak dili sayon sumala sa kung kini paminawan. Usa ka pamulong sa Koryano nagsulti nga, "Ang mga ginikanan dili mobati og kasakit bisan pa kung ang ilang mga anak pisikal nga anaa sa ilang mga mata." Daghang mga ginikanan mobati nga ang mga kinabuhi sa ilang mga anak mas importante kaysa ilang kaugalingong mga kinabuhi.

Busa, para sa Dios nga ihatag ang Iyang bugtong nga Anak nga si Hesus nagpakita kanato sa pinakadaku nga gugma. Dugang pa, giandam sa Dios ang gingharian sa langit para sa katong Iyang nakuha og balik pinaagi sa dugo ni Hesukristo. Unsa ka dakung gugma kini! Apan ang gugma sa Dios wala magtapus nganhi.

Ang Dios mihatag kanato sa Espiritu Santo aron magdala kanato ngadto sa Langit

Ang Dios naghatag sa Espiritu Santo isip nga usa ka gasa sa katong modawat kang Hesukristo ug modawat sa pagpasaylo sa mga sala. Ang Espiritu Santo mao ang kasingkasing sa Dios. Gikan sa panahon sa pagkayab sa Ginoo, gipadala sa Dios ang Katabang, ang Espiritu Santo ngadto sa atong mga kasingkasing.

Mabasa sa Mga Taga-Roma 8:26-27 nga, *"Sa ingon usab nga paagi, ang Espiritu motabang kanato sa diha nga magmaluyahon kita; kay kita ugod dili man makamaong moampo sa hustong inampoan, apan ang Espiritu mao ang mangunay sa pagpangamuyo alang kanato uban ang laglum nga mga pag-agulo nga dili arang malitok sa pulong; ug Siya nga mao ang nagasusi sa mga kasingkasing sa mga tawo nasayud kon unsa ang hunahuna sa Espiritu, kay ang Espiritu magapangamuyo man uyon sa kabubut-on sa Dios alang sa mga balaan."*

Kung kita makasala, ang Espiritu Santo mogiya kanato sa paghinulsol pinaagi sa laglum nga mga pag-agulo nga dili arang malitok sa mga pulong. Para sa katong adunay mahuyang nga pagtoo, Siya naghatag og pagtoo; para sa katong walay paglaum, Siya naghatag og paglaum. Sama nga ang mga inahan mainampingon nga magpahupay ug mag-atiman sa ilang mga anak, Siya naghatag kanato sa Iyang tingog aron nga dili kita masakitan o madaot sa bisan unsang paagi. Niining paagi Siya nagtugot kanato nga mahibaloan ang kasingkasing sa Dios nga naghigugma kanato, ug Siya magadala kanato ngadto sa gingharian sa langit.

Kung masayod kanato kining gugma og halawom, dili kanato matabangan nga higugmaon ang Dios og balik. Kung higugmaon kanato ang Dios kauban ang atong kasingkasing, Siya magahatag kanato og balik sa daku ug makahingangha nga gugma nga makapiog kanato. Siya naghatag kanato og panglawas, ug Iyang panalanginan ang tanang butang nga magmaayo diha kanato. Iya kining gibuhat tungod kay kini mao ang balaod sa espirituhanon nga ginsakpan, apan mas importante, kini tungod kay gusto Kaniya nga mabati kanato ang Iyang gugma pinaagig mga panalangin nga atong madawat gikan Kaniya. *"Ako nahagugma kanila nga nahagugma Kanako; ug kadtong nagasingkamot sa pagpangita Kanako,"* (Mga Proberbio 8:17).

Unsa man ang imong nabati sa kaniadtong una kanimong nailhan ang Dios ug nadawat ang pag-ayo o mga solusyon sa nagkadaiya nga mga problema? Imo tingaling nabati nga ang Dios naghigugma bisan pa sa usa ka makakasala sama kanimo. Nagtoo ko nga tingali ikaw mikompisal gikan diha sa imong kasingkasing nga, "Mahimo ba kanamo nga gamit ang tinta nga gipuno sa dagat, ug kung asa ang mga kalangitan gibuhat nga sulatanan, aron isulat ang gugma sa Dios sa ibabaw, makalimas sa dagat hangtud mauga?" Usab, nagtoo ko nga ikaw napiog sa gugma sa Dios nga mihatag kanimo og dayon nga Langit kung asa walay mga kabalaka, walay kasubo, walay mga sakit, walay paghimulag, ug walay kamatayon.

Wala kanato gihigugma og una ang Dios. Ang Dios una nga mianha kanato ug gi-inat ang Iyang mga kamot kanato. Wala Siya nahigugma kanato kay kita takus nga higugmaon. Ang Dios nahigugma og pag-ayo kanato nga Iyang gihatag ang Iyang bugtong nga Anak para kanato nga mga makakasala ug gitagana nga mamatay. Iyang gihigugma ang tanang mga tawo, ug Siya nag-atiman kanatong tanan sa mas daku nga gugma kaysa bisan unsang gugma sa inahan nga dili makalimot sa iyang masuso nga anak (Isaias 49:15). Siya naghulat kanato nga morag ang usa ka libo nga tuig usa lang ka adlaw.

Ang gugma sa Dios mao ang tinuod nga gugma nga dili mausab bisan pa sa paglabay sa panahon. Inig kaadto kanato sa Langit sa ulahi, ang atong mga suwang mangatagak sa salog sa pagkakita sa maanyag nga mga korona, nagsidlak nga mapino nga mga lino, ug langitnon nga mga balay nga gitukod gamit ang bulawan ug bilihin nga mga mutya, kung hain giandam sa Dios para kanato. Siya magahatag kanato og mga balus ug mga gasa bisan pa sa panahon sa atong dutan-on nga mga kinabuhi nganhi, ug Siya maikagon nga naghulat sa adlaw nga makauban kita sa Iyang himayang dayon. Mobati kiya sa Iyang dakung gugma.

KAPITULO 2 — *Ang Gugma ni Kristo*

Ang Gugma ni Kristo

"...ug paggawi kamo nga mahigugmaon ingon nga si Kristo nahigugma kaninyo ug, alang kanato, mitugyan sa Iyang kaugalingon ingon nga mahumot nga halad ug halad-inihaw ngadto sa Dios."

Mga Taga-Efeso 5:2

Ang gugma adunay daku nga kagahum nga mahimong posible ang imposible. Hilabi na, ang gugma sa Dios ug gugma sa Ginoo tinuod nga makahingangha. Mahimo niining mabaylo ang banga nga katawohan nga dili epektibo nga makabuhat og bisan unsang butanga ngadto sa takus nga katawohan nga mahimong makabuhat sa bisan unsang butang. Kaniadtong ang mal-edukako nga mga mangingisda, mga manugkolekta sa buwis, – nga niadtong panahon gihunahuna nga mga makakasala – ang kubos, mga balo nga babaye, ug ang gipasagdan nga mga katawohan sa kalibutan, nakaila sa Ginoo, ang ilang mga kinabuhi hingpit nga nausab. Ang ilang kakabus ug mga sakit naresolba, ug ilang nabati ang tinuod nga gugma nga wala gayud kanila nabati sa una. Ilang gihunahuna ang ilang mga kaugalingon nga walay bili, apan sila natawo og usab isip nga mga mahimayaon nga mga instrumento sa Dios. Mao kini ang gahum sa gugma.

Si Hesus mianhi niining yuta nga nagbiya sa tanang langitnon nga himaya

Sa sinugdanan ang Dios mao ang Pulong ug ang Pulong nanaog niining yuta sa usa ka lawas sa tawo. Kini mao si Hesus, ang bugtong nga Anak sa Dios. Si Hesus nanaog niining yuta aron nga luwason ang gihiktan-sa-sala nga katawohan nga nagpadulong sa dalan sa kamatayon. Ang ngalan nga 'Hesus' nagkahulogan nga 'Siya magaluwas sa Iyang mga katawohan gikan sa ilang mga sala' (Mateo 1:21).

Kining tanan nga nagkahugaw-sa-sala nga mga katawohan nahimong walay kalahian sa mga mananap (Ecclesiastes 3:18). Si

Hesus natawo sa usa ka kuwadra sa mga mananap aron nga malukat ang mga tawo nga gibiyaan ang unsang unta ilang buhaton ug maingon lamang nga mga mananap. Siya gibutang sa usa ka pasongan nga kan-onon sa mga mananap aron nga mahimong tinuod nga pagkaon para sa ingon nga mga tawo (Juan 6:51). Kini mao nga tugotan ang mga tawo nga mahiuli ang nawala nga imahe sa Dios ug tugotan sila nga buhaton ang ilang tibuok nga katungdanan.

Usab, ang Mateo 8:20 nagsulti nga, *"Ang mga milo adunay kalobluban, ug ang mga langgam sa kalangitan adunay kabatugan, apan ang Anak sa Tawo walay dapit nga kapahulayan sa iyang ulo."* Sumala sa gisulti, Siya'y walay dapit nga kapahulayan, ug kinahanglan Kaniyang mopabilin sa gabii sa uma nga nag-antus sa tugnaw ug ulan. Siya milakaw nga walay pagkaon ug nagutom sa daghang mga higayon. Kini dili tungod kay Siya'y walay katakos. Kini mao nga lukaton kita gikan sa kakubos. 2 Mga Taga-Corinto 8:9 nagsulti nga, *"Kay kamo nasayud na sa grasya sa atong Ginoong Hesukristo, nga bisan tuod Siya dato, Siya nahimong kabus alang kaninyo, aron nga pinaagi sa iyang kakabus kamo mahimong dato."*

Gisugdan ni Hesus ang iyang ministro sa publiko sa timaan sa pagbuhat sa bino gikan sa tubig sa piging sa kasal sa Cana. Iyang giwali ang gingharian sa Dios ug nagbuhat og daghang mga timaan ug mga kahibulongan sa dapit sa Judea ug Galilee. Daghang mga sanlahon ang nanga-ayo, ang piang nakalakaw ug nakaambak, ug ang katong nag-antus gikan sa papagsulod-sa-demonyo napagawas gikan sa gahum sa kangitngit. Bisan pa ang usa ka tawo nga namatay na alang sa upat ka adlaw ug nanimaho migawas gikan sa lubnganan nga buhi (Juan 11).

Gipadayag ni Hesus ang ingon nga makahingangha nga mga butang sa panahon sa Iyang ministro sa ibabaw niining yuta aron nga makaamgo ang mga katawohan sa gugma sa Dios. Dugang pa, sa pagkahiusa sa gigikanan sa Dios ug sa Pulong mismo, Iyang bug-os nga gituman ang Kasugoan aron nga magbutang og pananglit para kanato. Usab, tungod kay Iyang natuman ang tanang Kasugoan, wala Siya nagkondena sa katong nakalapas sa Kasugoan ug gibutang ngadto sa kamatayon. Iya lang gitudloan ang mga katawohan sa kamatuoran aron nga ang usa pa ka dugang nga kalag nga magbasol ug modawat sa kaluwasan.

Kung hugot nga gitakus ni Hesus ang tanang tawo sumala sa Kasugoan, walay makahimong modawat sa kaluwasan. Ang Kasugoan mao ang mga sugo sa Dios nga nagsulti kanato kung unsay buhaton, dili buhaton, isalikway, ug tumanon ang piho nga mga butang. Pananglitan, adunay mga sugo nga, 'ipabilin nga balaan ang Adlaw sa Igpapahulay; dili ka maibog sa balay sa imong isigkatawo; tahuron mo ang imong amahan ug ang imong inahan; ug isalikway ang tanang mga dagway sa dautan'. Ang pinakaulahing destinasyon sa tanang kasugoan mao ang gugma. Kung imong tumanon ang tanang kabalaoran ug mga kasugoan, mahimo kanimong mabuhat ang gugma, sa labing menos sa gawas.

Apan ang unsay gusto sa Dios gikan kanato dili lang nga pagabantayan ang Kasugoan pinaagi sa atong mga lihok. Gusto Kaniya nga kita magbuhat sa Kasugoan kauban ang gugma gikan sa atong kasingkasing. Nakahibalo si Hesus niining kasingkasing sa Dios og pag-ayo ug gituman ang Kasugoan kauban ang gugma.

Usa sa pinakamaayo nga mga pananglit mao ang kaso sa babaye nga nadakpan sa akto nga nagbuhat og pagpanapaw (Juan 8). Usa ka adlaw, gidala sa mga eskriba ug mga Pariseo ang babaye nga nadakpan sa eksena sa pagpapanaw, gibutang siya sa tunga sa mga katawohan ug gipangutana si Hesus: *"Ug diha sa kasugoan, si Moises nagsugo kanato nga ang ingon kaniya kinahanglan gayud patyon pinaagi sa pagbato. Unsa may imong ikasulti mahitungod kaniya?"* (Juan 8:5).

Ila kining gisulti aron nga makapangita sila og kapasikaran aron nga magdala og pagsumbong batok kang Hesus. Unsa ba sa imong hunahuna ang gibati sa babaye niining panahona? Siya tingali naulaw pag-ayo nga ang iyang sala gipadayag sa atubangan sa tanang tawo, ug tingali siya nagkurog sa kahadlok kay siya pagabatohon hangtud mamatay. Kung si Hesus miingon nga, "Batoha siya," ang iyang kinabuhi matapus sa paghapak sa daghan kaayong mga bato nga gilabay diha kaniya.

Apan si Hesus wala magsulti kanila nga silotan siya sumala sa Kasugoan. Hinonoa, Siya mitikubo ug nagsulat sa yuta pinaagi sa Iyang tudlo. Kini mao ang mga ngalan sa sala nga gibuhat sa mga katawohan ngadto. Pagkahuman og lista sa ilang mga sala, Siya mitul-id ug miingon nga, *"Kinsa kaninyo ang walay sala maoy paunahag labay kaniyag bato"* (b. 7). Ug unya miusab siyag patikubo ug mipadayon sa pagsulat sa yuta pinaagi sa iyang tudlo.

Niining panahona, Iyang gisulat ang mga sala sa matag tawo, nga morag nakita Kaniya kini, isip kung kanus-a, asa, ug giunsa sa matag usa kanila gibuhat ang ilang mga sala. Ang katong adunay kangutngot sa konsyensiya sila namahawa nga nagtinagsatagsa. Sa ulahi, ang nahabilin si Hesus na lang ug ang babaye. Ang masunod nga mga bersikulo 10 ug 11 nagsulti nga, *"Unya mitul-id si*

Hesus ug miingon kaniya, 'Babaye, hain na sila? Wala bay mihukom kanimog silot?' Siya mitubag, 'Wala, Ginoo.' Ug si Hesus miingon kaniya, 'Dili usab ako mohukom kanimog silot. Lumakaw ka ug ayaw na pagpakasala.'"

Wala ba nakahibalo ang babaye nga ang silot para sa pagpanapaw mao ang kamatayon pinaagi pagbato? Lagi siya nakahibalo. Nakahibalo siya sa Kasugoan apan iyang gibuhat ang sala kay dili kaniya mabuntog ang pangibog. Naghulat lang siya nga patyon kay ang iyang mga sala gipadayag, ug kay sa iyang wala paghaum nasinatian ang pagpasaylo ni Hesus, unsa kaha siya tingali halawom nga gitandog! Samtang nga iyang mahinumduman ang gugma ni Hesus, dili na siya tingali makasala og usab.

Kay si Hesus kauban ang Iyang gugma gipasaylo ang babaye nga milapas sa Kasugoan, ang Kasugoan ba kinaraan na samtang aduna kita'y gugma para sa Dios ug sa atong mga isigkatawo. Dili kini mao. Si Hesus miingon nga, *"Ayaw kamo paghunahuna nga mianhi Ako aron sa pagbungkag sa Kasugoan o sa mga Propeta; Ako mianhi dili sa pagbungkag kondili sa pagtuman niini"* (Mateo 5:17).

Mahimo kanatong mabuhat ang kabubut-on sa Dios og mas hingpit kay aduna kita'y Kasugoan. Kung ang usa ka tawo mosulti lang nga iyang gihigugma ang Dios, dili kanato matakus kung unsa kalawom ug kalapad ang iyang gugma. Apan, ang gidak-on sa iyang gugma mahimong masusi kay tungod aduna kita'y Kasugoan. Kung tinuod nga iyang gihigugma ang Dios sa tibuok kaniyang kasingkasing, tino nga iyang pagabantayan ang Kasugoan. Para sa ingon nga tawo, dili kini lisud nga pagabantayan ang Kasugoan. Dugang pa, sa kadakuon sa iyang pagbantay sa Kasugoan og tarung, dawaton kaniya ang gugma ug mga panalangin sa Dios.

Apan ang mga legalista nianang panahon ni Hesus dili interesado sa gugma sa Dios nga anaa sa Kasugoan. Wala sila mitutok sa pagpakabalaan sa ilang kasingkasing, apan sa pagbantay lang sa mga pormalidad. Gibati kanila ang katagbaw ug nagpagarbo pa gani sa gawasnon nga pagbantay sa Kasugoan. Gihunahuna kanila nga sila nagbantay sa Kasugoan, ug busa sila sa dihadiha mihukom ug mikondena sa katong milapas sa Kasugoan. Sa katong gipatin-aw ni Hesus ang tinuod nga kahulogan nga anaa diha sa Kasugoan ug gitudlo ang mahitungod sa kasingkasing sa Dios, sila miingon nga si Hesus sayop og gisudlan sa demonyo.

Kay ang mga Pariseo walay gugma, ang pagbantay sa Kasugoan og maayo walay kapuslanan gayud sa ilang mga kalag (1 Mga Taga-Corinto 13:1-3). Wala kanila gisalikway ang dautan diha sa ilang mga kasingkasing, apan mihukom ug mikondena lang sa uban, busa gipahilayo ang ilang mga kaugalingon gikan sa Dios. Sa ulahi, sila mibuhat sa sala sa paglansang sa Anak sa Dios, kung hain dili na mabali.

Gituman ni Hesus ang Probidensiya sa Krus kauban ang Pagkamasinugtanon Hangtud sa Kamatayon

Ngadto sa katapusan sa tulo-ka-tuig nga ministro, misaka si Hesus sa Bukid sa Olives sa wala pa magsugod ang Iyang mga pag-antus. Sa pagkalawom sa gabii, maikagon nga miampo si Hesus nga nangatubang sa Iyang paglansang sa krus. Ang Iyang pag-ampo usa ka pagtuaw nga luwason ang mga kalag pinaagi sa Iyang dugo kung hain bug-os nga inosente. Kini usa ka pag-ampo nga magpangayo sa kagahum aron mabuntog ang mga pag-antus sa krus. Siya madilaabon nga miampo; ug ang Iyang singot nahimong morag mga tulo sa dugo, nga nangatagak diha sa yuta (Lucas 22:42-44).

Nianang gabii, gidakup si Hesus sa mga kasundalohan ug gidala gikan sa usa ka dapit ngadto sa usa para pangutan-on. Sa ulahi siya midawat sa sentensiya nga kamatayon sa korte ni Pilato. Ang mga kasundalohan nga Romano mibutang og mga tunok sa Iyang ulo, giluwaan Siya, ug gisumbag Siya una Siya dal-on ngadto sa dapit sa pagpatay (Mateo 27:28-31).

Ang Iyang lawas napuno sa dugo. Siya gibiaybiay ug gilatigo sa tibuok gabii, ug sa ingon niining lawasa Siya gipasaka ngadto sa Golgotha nga nagpas-an sa kahoy nga krus. Usa ka daku nga panon sa katawohan ang misunod Kaniya. Sa kausa sila nag-abi-abi Kaniya nga nagsinggit "Hosanna" apan karon sila nahimong usa ka manggugubot nga panon nga nagsinggit, "Ilansang Siya!" Ang nawong ni Hesus natabunan sa dugo og pag-ayo nga kini dili na mailhan. Ang tanan Kaniyang kusog nahurot tungod sa mga kasakit nga gipadapat gikan sa pagtortyur ug kini lisud kaayo para Kaniya nga molakaw sa bisan usa ka tikang.

Pagkahuman og abot sa Golgotha, gilansang si Hesus aron nga lukaton kita gikan sa atong mga sala. Aron nga lukaton kita, nga anaa sa ilawom sa panunglo sa Kasugoan kung hain nagsulti nga ang suhol gikan sa sala mao ang kamatayon (Mga Taga-Roma 6:23), Siya gibitay sa usa ka kahoy nga krus ug gipatulo ang tanan Kaniyang dugo. Gipasaylo Kaniya ang atong mga sala nga atong gibuhat sa atong mga hunahuna pinaagi sa pagsul-ob sa mga tunok diha sa Iyang ulo. Siya gilansang lahos sa Iyang mga kamot ug tiil aron nga mapasaylo kita sa atong mga sala nga atong gibuhat pinaagi sa atong mga kamot ug mga tiil.

Ang mga buang-buang nga katawohan nga wala nakahibalo niining katinuoran nagbiay-biay ug nanagyubit kang Hesus nga nabitay sa krus (Lucas 23:35-37). Apan bisan sa panghingutas nga kasakit, si Hesus miampo para sa kapasayloan sa katong naglansang Kaniya sumala sa gitala sa Lucas 23:34, *"Amahan, pasayloa sila; kay wala sila makasabut sa ilang ginabuhat."*

Ang paglansang sa krus mao ang usa sa kinapintasan sa tanang mga paagi sa pagpatay. Ang usa ka konbiktado kinahanglan nga mag-antus gikan sa kasakit sulod sa usa ka taas kaayo nga panahon kaysa ubang mga pagsilot. Ang mga kamot ug mga tiil ilansang lahos, ug ang unod mangagisi. Adunay grabe nga pagkauga sa likido sa lawas ug kagubot sa pagsirkular sa dugo. Kini makaingon sa hinay nga pagkaubos sa mga paglihok sa mga organo sulod sa lawas. Ang usa ka tawo nga patyonon mag-antus sab sa mga kasakit gikan sa mga insekto nga moanha kaniya nga nakapanimaho sa dugo.

Unsa man sa imong hunahuna ang gihunahuna ni Hesus samtang anaa sa krus? Dili kini ang panghingutas nga kasakit sa Iyang lawas. Apan hinonoa Siya naghunahuna sa rason nganong gibuhat man sa Dios ang mga tawo, ang kahulogan sa pagpaugmad sa mga tawo sa ibabaw niining yuta, ug ang rason nganong kinahanglan Kaniyang isakripisyo ang Iyang kaugalingon isip nga halad -pasighiuli para sa sala sa tawo, ug Iyang gihalad ang gibati sa kasingkasing nga mga pag-ampo sa pagpasalamat.

Pagkahuman ni Hesus og antus sa mga kasakit alang sa unom

ka oras sa krus, Siya miingon, *"Giuhaw ako"* (Juan 19:28). Kini usa ka espirituhanon nga kauhaw, kung hain mao ang kauhaw nga madaog ang mga kalag nga nagpadulong sa dalan sa kamatayon. Naghunahuna sa dili-maihap nga mga kalag nga mabuhi niining yuta sa umaabot, Siya naghangyo kanato nga ihatud ang mensahe sa krus ug luwason ang mga kalag.

Sa katapusan si Hesus miingon, *"Tapus na!"* (Juan 19:30) ug unya miginhawa sa Iyang pinakaulahi pagkahuman og sulti sa, *"Amahan, nganha sa Imong mga kamot itugyan ko ang Akong espiritu"* (Lucas 23:46). Iyang gitugyan ang Iyang espiritu ngadto sa mga kamot sa Dios kay nahuman na Kaniya ang Iyang katungdanan nga maablihan ang dalan sa kaluwasan para sa tanang katawohan pinaagi sa paghimog halad-pasighiuli sa Iyang kaugalingon. Kini mao ang higayon kung kanus-a ang lihok sa pinakadakung gugma gituman.

Sukad niadto, ang paril sa sala nga nagtindog taliwala sa Dios ug kanato nagisi, ug kita mahimo nang makigkomunikar sa Dios og direkta. Sa wala pa ninana, ang labawng saserdote kinahanglan ang maghalad sa sakripisyo para sa pagpasaylo sa mga sala alang sa katawohan, apan kini dili na mao kana. Ang bisan kinsa nga nagtoo kang Hesukristo mahimong mosulod ngadto sa sangtuwaryo sa Dios ug direkta nga magsimba sa Dios.

Si Hesus Nag-andam sa Langitnon nga mga Puy-anan kauban sa Iyang Gugma

Sa wala pa Kaniya gikuha ang krus, gisultihan ni Hesus ang iyang mga disipolo mahitungod sa mga butang nga magaabot.

Gisultihan Kaniya sila nga kinahanglan Kaniyang kuhaon ang krus aron nga tumanon ang probidensiya sa Amahang Dios, apan ang mga disipolo sa gihapon nabalaka. Karon Iyang gipatin-aw kanila ang mahitungod sa mga puy-anan aron nga pahupayon sila.

Ang Juan 14:1-3 nagsulti nga, *"Kinahanglan dili magkaguol ang inyong kasingkasing; sumalig kamo sa Dios, ug sumalig usab kamo Kanako. Sa balay sa Akong Amahan anaay daghang puy-anan; kon dili pa, moingon ba unta Ako kaninyo nga moadto Ako aron sa pag-andam og luna lang kaninyo? Ug sa mahiadto na Ako ug makaandam na Akog luna alang kaninyo, moanhi Ako pag-usab ug pagadawaton Ko kamo nganhi uban Kanako, aron nga diin gani Ako atua usab kamo."* Isip nga butang sa katinuoran, Iyang gibuntog ang kamatayon ug nabanhaw, ug misaka ngadto sa Langit sa panan-aw sa daghang mga katawohan. Mao kini nga mahimo Kaniyang mag-andam sa langitnon nga mga puy-anan para kanato. Karon, unsa man ang kahulogan sa 'Moadto ako aron sa pag-andam og luna lang kaninyo'?

Ang 1 Juan 2:2 nagsulti nga, *"...ug Siya mao ang halad-pasighiuli alang sa atong mga sala; ug dili lamang sa ato rang mga sala kondili sa mga sala usab sa tibuok kalibutan."* Sumala sa gisulti, kini nagkahulogan nga bisan kinsa ang mahimong makaangkon sa Langit pinaagig pagtoo, kay giguba na ni Hesus ang paril sa sala taliwala sa Dios ug kanato.

Usab, si Hesus miingon nga, "Sa balay sa Akong Amahan anaay daghang puy-anan," ug kini nagsulti kanato nga gusto Kaniya nga ang tanang tawo makadawat og kaluwasan. Wala Siya moingon nga adunay daghang mga puy-anan sa 'Langit' apan 'Sa balay sa Akong Amahan', kay tungod atong matawag ang Dios,

'Abba, Amahan' pinaagi sa buhat sa bilihon nga dugo ni Hesus.

Ang Ginoo sa gihapon walay hunong nga nagpangaliya para kanato. Siya maikagon nga nag-ampo sa atubangan sa trono sa Dios nga wala mokaon og moinom (Mateo 26:29). Siya nag-ampo aron nga kita magmadinaogon sa pagpaugmad sa tawo sa ibabaw niining yuta ug ipadayag ang himaya sa Dios pinaagi sa pagpauswag sa atong mga kalag.

Dugang pa, inig kahitabo sa Paghukom sa Dakung Trono nga Maputi pagkahuman sa pagpaugmad sa tawo, Siya sa gihapon magtrabaho para kanato. Sa korte sa paghukom ang tanang tawo pagahatagan og paghukom nga walay bisag gamay nga sayop sa tanang butang nga gibuhat sa matag usa. Apan ang Ginoo ang mahimong tigpasiugda para sa mga anak sa Dios ug magpangaliyupo nga nagsulti, "Akong gihugasan ang ilang mga sala sa Akong dugo," aron nga ilang madawat ang mas maayong puy-anan ug mga balus sa Langit. Kay Siya nanaog niining yuta ug nasinatian sa iyang kaugalingon ang tanang butang nga masinati sa mga tawo, Siya magasulti para sa mga tawo nga naglihok nga morag tigpasiugda. Unsaon man pagsayod kanato og tibuok niining gugma?

Nagtugot kanato ang Dios nga mahibaloan ang Iyang gugma para kanato pinaagi sa Iyang bugtong nga Anak nga si Hesukristo. Kining gugma mao ang gugma kung hain wala gani gireserba ni Hesus ang pagpatulo sa Iyang ulahing tulo sa dugo para kanato. Kini walay kondisyon ug walay kausaban nga gugma kung hain Siya magapasaylo kapitoan ka pito ka beses. Kinsa man ang makahimulag kanato gikan niining gugma?

Sa mga Taga-Roma 8:38-39, ang apostol nga si Pablo

nagproklama nga, *"Kay masaligon ako nga walay kamatayon, o kinabuhi, o mga anghel, o mga punoan, o mga butang karon, o mga butang umalabut, o mga gahum, o kahabugon, o giladmon, o bisan unsa diha sa tibuok kabuhatan, nga arang makapahimulag kanato gikan sa gugma sa Dios, sa gugma nga anaa kang Kristo Hesus nga atong Ginoo."*

Ang apostol nga si Pablo nakaamgo niining gugma sa Dios ug gugma ni Kristo, ug iyang bug-os nga gihatag ang iyang kaugalingong kinabuhi aron mosunod sa kabubut-on sa Dios ug mabuhi isip nga usa ka apostol. Dugang pa, wala kaniya gireserba ang iyang kinabuhi aron nga ipasangyaw ang mga Hentil. Iyang gibuhat ang gugma sa Dios nga nagdala sa dili-maihap nga mga kalag sa dalan sa kaluwasan.

Bisan pa nga siya gitawag nga 'ang pangulo sa sekta nga Nazareno', gipahinunguron ni Pablo ang iyang tibuok nga kinabuhi isip nga usa ka magwawali. Iyang gipakatap sa tibuok kalibutan ang gugma sa Dios ug ang gugma sa Ginoo nga mas halawom ug mas halapad kaysa bisan unsang bahandi. Ako nagampo sa pangalan sa Ginoo nga mahimo kamong tinuod nga mga anak sa Dios nga magtuman sa Balaod kauban ang gugma ug sa kahangtoran magpuyo sa pinakamaanyag nga langitnon nga puyanan sa Bag-ong Herusalem.

Ang Tagsulat:
Dr. Jaerock Lee

Si Dr. Jaerock Lee gipanganak sa Muan, Probinsiya sa Jeonnam, Republika sa Korea, kaniadtong 1943. Sa iyang kapin bayente nga pangedaron, si Dr. Lee nag-antos gikan sa nagkalainlain nga dili-matambalan nga mga sakit alang sa pito ka mga tuig ug naghuwat sa kamatayon uban sa walay paglaom ga maulian pa. Usa ka adlaw sa tingpamulak kaniadtong 1974, nan, gidala siya sa usa ka iglesia sa iyang igsoon nga babaye ug unya sa iyang pagluhod aron mag-ampo, ang Buhing Dios sa labing madali nag-ayo kaniya sa tanan niyang mga sakit.

Gikan sa takna nga si Dr. Lee nakaila sa Buhing Dios pinaagi sa katong makatingalahan nga kasinatian, gihigugma na kaniya ang Dios sa tanan niyang kasingkasing ug katangkod, ug kaniadtong 1978 gitawag siya aron mag-alagad sa Dios. Madilaabon siya nga nag-ampo aron tin-aw niyang masabtan ang pagbuot sa Dios, bug-os nga matuman niini ug magmasinugtanon sa tanan nga Pulong sa Dios. Sa kaniadtong 1982, gitukod kaniya ang Manmin Central Church sa Seoul, Korea, ug ang dili-maihap nga mga buhat sa Dios, lakip ang mga milagroso nga mga pagpangayo ug mga katingalahan, nahitabo sa iyang iglesia.

Sa kaniadtong 1986, si Dr. Lee giordinahan nga usa ka pastor sa Annual Assembly of Jesus' Sungkyul Church sa Korea, ug upat ka tuig sa ulahi kaniadtong 1990, ang iyang mga wali gisugdan og pagsibya sa Australia, Russia, ang Pilipinas ug daghan pa pinaagi sa Far East Broadcasting Company, ang Asia Broadcast Station, ug ang Washington Christian Radio System.

Tulo ka tuig sa ulahi kaniadtong 1993, napili ang Manmin Central Church nga usa sa mga 50 ka Pinakataas nga mga Iglesias sa *Christian World* magazine (US) ug siya nagdawat sa usa ka Honorary Doctorate of Divinity gikan sa Christian Faith College, Florida, USA, ug kaniadtong 1996 usa ka Ph. D. sa Ministry gikan sa Kingsway Theological Seminary, Iowa, USA.

Sukad kaniadtong 1993, si Dr. Lee nagpanguna sa kalibotan nga mga misyon sa daghang pangdayo nga mga krusada sa Tanzania, Argentina, L.A., Siudad sa Baltimore, Hawaii, ug Siudad sa New York sa USA, Uganda, Japan, Pakistan, Kenya, ang Pilipinas, Honduras, India, Russia, Germany, Peru, Demokratiko nga Republika sa Congo, Israel, ug Estonia. Sa kaniadtong 2002 gitawag siya nga "tibuok kalibotan nga pastor" sa mga mayor nga Kristiyano nga mga pamantalaan sa Korea alang sa iyang buhat sa nagkalainlain nga pangdayo nga Great United Crusades.

Kutob sa Nobyembre tuig sa 2017, ang Manmin Central Church adunay kongregasyon nga labi sa 130,000 nga mga miyembro. Adunay 11,000 nga pungsod ug sa pangdayo nga sanga sa mga iglesia sa tibuok nga globo, ug sa kalayuon labi sa 98 nga mga misyonaryo ang nakomisyon ngadto sa 26 ka mga pungsod, lakip ang Estados Unidos, Russia, Germany, Canada, Japan, China, France, India, Kenya, ug daghan pa.

Kutob sa petsa niining pagmantala, si Dr. Lee nakasulat na ug 110 ka mga libro, lakip ang mga pinakamabenta nga *Ang Pagtilaw sa Walay-Katapusan nga Kinabuhi Sa Wala Pa ang Kamatayon, Akong Kinabuhi Akong Pagtoo I & II, Ang Mensahe sa Krus, Ang Sukod sa Pagtoo, Langit I & II, Impiyerno,* ug *Ang Gahom sa Dios,* iyang mga binuhatan nga gihubad sa labi sa 76 nga mga lengguwahe.

Ang iyang Krisityano nga mga kolumna naggula sa *The Hankook Ilbo, The JoongAng Daily, The Dong-A Ilbo, The Seoul Shinmun, The Kyunghyang Shinmun, The Korea Economic Daily, The Shisa News,* ug *The Christian Press.*

Si Dr. Lee mao ang sa pagkakaron nagpanguna sa daghang misyonaryo nga mga organisasyon ug mga asosasyon: lakip ang Chairman, The United Holiness Church of Hesus Christ; Permanent President, The World Christianity Revival Mission Association; Founder & Board Chairman, Global Christian Network (GCN); Founder & Board Chairman, World Christian Doctors Network (WCDN); and Founder & Board Chairman, Manmin International Seminary (MIS).

Uban pang makagagahom nga mga libro sa samang tagsulat

Langit I & II

Imbetasyon ngadto sa Balaan nga Siudad sa Bag-ong Herusalem, kon asa ang dose ka mga ganhaan gibuhat sa nagpangidlap nga mga perlas, nga anaa sa taliwala sa halapad nga langit nga nagsidlak og makidlapon sama sa mabilihon kaayo nga mga alahas.

Ang Mensahe sa Krus

Usa ka makagagahom nga kahimungawong mensahe alang sa tanan nga tawo kon kinsa esprituwal nga nakatulog! Sa kining libro makita kanimo ang rason nga si Hesus ang bugtong nga Manluluwas ug ang tinuod nga hinigugma sa Dios.

Impiyerno

Usa ka maikagon nga mensahe sa tanan nga katawhan gikan sa Dios, kon kinsa nagpangandoy nga walay bisan usa ka kalag ang mahagbong ngadto sa kailauman nga mpiyerno! Imong makaplagan ang wala-pa-mapabutyag nga mga pag-asoy sa mapintas nga realidad sa Ubos nga Hades ug Impiyerno.

Espiritu, Kalag, ug Lawas I & II

Pinaagi sa espirituhanon nga pagsabot sa espiritu, kalag, ug lawas, kung hain mao ang mga bahin sa mga tawo, ang mga mambabasa makatan-aw sa ilang 'kaugalingon' ug mag-angkon og panabot sa kinabuhi mismo.

Ang Sukod sa Pagtoo

Unsa nga klase sa puluy-an nga duog, korona ug mga balos ang giandam alang kanimo sa langit? Kining libro naghatag uban ang kaalam ug ang pag-agak alang kanimo aron masukod ang imong pagtoo ug mapa-ugmad ang pinakamaayo ug pinakaguwang nga pagtoo.

Magmata Israel

Nganong gitutok man sa Dios ang Iyang mata sa Israel gikan pa sa sinugdan sa kalibotan hangtud niiining adlawa? Unsa man nga klase sa Iyang kabubut-on ang giandam alang sa Israel sa ulahing mga inadlaw, kon kinsa naghuwat sa Misiyas?

Akong Kinabuhi, Akong Pagtoo I & II

Usa ka pinakahumot nga espirituwal nga alimyon nga gipuga gikan sa kinabuhi nga namulak uban sa usa ka dili maparisan nga gugma alang sa Dios, taliwala sa ngitngit nga mga balod, bugnaw nga pas-anon ug ang pinakailalom nga kawalay.

Ang Gahom sa Dios

Usa ka kinahanglan-mabasa nga nagsilbi nga usa ka mahinungdanon nga giya kon asa ang usa makakupot sa tinuod nga pagtoo ug makasinati sa makahingangha nga gahom sa Dios.

www.urimbooks.com

www.ingramcontent.com/pod-product-compliance
Lightning Source LLC
LaVergne TN
LVHW041758060526
838201LV00046B/1044